大学体育教学理论与实践创新探究

许淑萍　谢　婧　著

中国纺织出版社有限公司

图书在版编目（CIP）数据

大学体育教学理论与实践创新探究 / 许淑萍，谢婧著. -- 北京：中国纺织出版社有限公司，2023.9
ISBN 978-7-5229-1099-4

Ⅰ.①大… Ⅱ.①许… ②谢… Ⅲ.①体育教学-教学研究-高等学校 Ⅳ.①G807.4

中国国家版本馆 CIP 数据核字（2023）第 192803 号

责任编辑：王 慧　　责任校对：江思飞　　责任印制：储志伟

中国纺织出版社有限公司出版发行
地址：北京市朝阳区百子湾东里 A407 号楼　邮政编码：100124
销售电话：010—67004422　传真：010—87155801
http://www.c-textilep.com
中国纺织出版社天猫旗舰店
官方微博 http://weibo.com/2119887771
天津千鹤文化传播有限公司印刷　各地新华书店经销
2023 年 9 月第 1 版第 1 次印刷
开本：710×1000　1/16　印张：12.5
字数：200 千字　定价：98.00 元

前言/Preface

随着时代的进步与发展，我国教育水平也在不断提升。在国家提出的“健康中国”理念以及“全民健身”战略的号召下，我国大部分学校对学生的体育教学与发展投入了更多的关注与重视，体育教学也随之得到了一定的发展和进步。大学生是未来祖国现代化建设的人才。健壮的体魄、良好的心理素质和高尚的道德情操已成为21世纪对人才的基本要求。大学生正处于身体发育的旺盛阶段，因此树立健康第一的思想、培养良好的体育锻炼习惯、掌握科学的体育锻炼方法，对于提高大学生个人身体素质，进而提高全民族体质，具有特别重要的意义。高校体育教学是我国高校教育和体育教育的重要组成部分，在促进我国体育和教育事业发展、促进大学生健康全面发展方面发挥着重要作用。

目前，我国高校传统的体育教学，已经不能适应现有的高校办学规模和教育体制，我国高校体育教学的改革与发展已经成为迫在眉睫的一项重要教育改革任务。尤其近年来，高校体育教学改革虽然取得了一定的成绩，但同时也存在着诸多问题。在传统教学思想的指导下，我国体育教学模式单一，教学内容乏味枯燥，教学方法陈旧落后，与现代教育思想严重不符，不能很好地体现现代教育理论在具体教学实践中的应用。针对以上种种问题，考虑到现代教育思想的深刻变革，我们需要认清形势，进行教学理论与实践创新的探究，进一步完善体育教学体系，为实现现代体育教学事业的全面发展尽绵薄之力。

全书共分为七章。第一章是体育教学概述，主要包括体育教学的概念与特点、本质与功能、现状与创新以及体育教学改革的发展历程与发展趋势。第二章是大学体育教育教学理论，本章对大学体育课程教学理论进行了概述，对大学体育课程与教学目标、大学体育教学价值观与目标思考以及教学内容体系的构建加以分析。第三章是大学体育教学的发展与优化，主要包括教学内容、教学环境、教学理念和教学设计的优化。第四章是体育教学模式改革与创新，本章对体育教学模式理论与发展进行阐述，对体育合作学习教学模式、多媒体网络体育教学模式、体育翻转课堂教学模式、体育自主教学模式以及体育快乐教学模式进行分析。第五章是体育教学方法的创新与实践，体育教学方法与创新教育、体育教学方法创新策略、体育教学中分层次教学法、体验式教学法以及互动式教学法的应用是本章的重点内容。第六章是体育教学评价的实践研究，本章对体育教学目标评价与课堂教学评价进行了阐述与分析。第七章是大学体育教学创新体系与创新路径，主要包括大学体育教学创新原则与创新路径、学生创新意识与能力的培养以及构建体育教学创新体系。

本书内容全面翔实，侧重点清晰，语言简洁明了，通俗易懂，并且十分重视理论与实践相结合，具有一定的科学性与实用性。

本书在编写过程中，借鉴了很多相关的权威资料以及国内外专家、学者的研究成果，在此真诚地表示感谢！由于作者能力有限，加之时间比较仓促，本书中难免会出现些许不妥或疏漏之处，敬请广大的读者朋友给予批评与指正。

作　者

2023 年 4 月

目录 Contents

第一章　体育教学概述

体育教育是指学生在教师的指导和带领下，学习和理解理论知识，实验和掌握运动技术和技能，以改善身体状况，保持身心健康，提高运动成绩，适应自然和社会环境，培养良好的道德品质，养成终身体育的习惯，塑造人格的教育过程。本章即针对体育教学进行整体阐述。

第一节　体育教学的概念与特点

一、体育教学的概念

（一）体育教学的定义

体育教育是“体育”和“学习”的结合，将学习的概念与体育教育的理论体系相结合，创造出新的内容和新的教学方法。在实践中，体育教育与其他学科一样，是一个完整而成熟的体系，需要组织和行政干预。体育教育与其他学科的不同之处还在于，它对教学环境有独特的要求，对设施和设备有不同的需求。因此，体育教学显然不是一种固定的、常规的概念性教学活动，也不能认为是一种休闲娱乐活动，而是需要综合多种因素，正确、合理、科学地实施。

体育教育没有统一的定义，研究者有不同的看法。潘绍伟、于可红在《学校体育学》中把体育教育定义为“学校体育教育的重要组成部分，是实现学校体育教育目标的主要形式，体育教育是教师的教和学生的学之间的综合活动”。龚正伟在《体育教学论》一书中指出：“体育教育学的研究对象是体育教育。体育教育与其他所有学科的教学有一个共同点，它是一个有重点、有计划、有组织的教育过程，向学生传授知识和技能，开发智力和体力资源，培养道德品质，形成人格。”姚蕾在《体育教学论学程》中指出：“体育教育是以体育教材为手段，在体育教师的指导下，使学生掌握体育知识、方法和技能，养成良好的体育习惯，促进学生身体、心理和社会适应能力健康发展的一种学习活动。”一般来说，人们对新事物的概念是通过长期的实践来理解和概括的，只有明确了概念，才能客观准确地思考和评价，才能更好地进行深入研究，进而得出更深层次的结论。

任何事物的概念都应该具有简明和科学的特点，但如果把事物的目的、功能和价值等方面结合起来，就会变得不那么简明。根据有关研究人员的研究和定义，我们可以对体育的概念进行总结。体育是一种教育活动，其主要教学内容是实际的身体训练，即运动技术。需要注意的是，这个定义在一定程度上忽略了体育理论的教学。在体育教育中，技术、技能和战术的教学与理论知识的获取是相辅相成的。体育教育中理论知识的获得不是简单地通过阅读教科书、上网、看视频或在课堂上讲授理论知识来实现的，而是要把运动技能的实践与理论知识的获得充分结合起来，或者把体育教育中理论知识的获得与体育课堂上的运动实践交替进行。换言之，体育教育应该同时注重技术技能和理论知识的教学。仅仅通过阅读教科书、摘要、杂志、媒体文件或课堂讲授来获取体育理论知识是不太可靠的。

在体育教育中，课堂上的体育理论课当然是教学体系的必要组成部分，但它与一般意义上的理论知识的吸收仍有一定的区别。一方面，理论课只占体育教学的很小一部分，每学期大约两课时；另一方面，作为运动技术学习的补充课程，一旦学生获得了一些技术动作的经验，他们就会转入相关理论知识的学习，这使他们对已经学到的实践知识有了更深刻的理解。体育教育的总体概念是教学，定义为“以课程内容为中介的教师和学生的共同教育活动”，其特点是通过传授和掌握不同学科的系统知识和技能，促进学生的身体和心理发展。教育的通用概念是课程，它涵盖了一个相对广泛的领域。教学是指教师和学生在不同学科和科目（如语文、数学、英语、体育等）中的双向互动。因此，在体育教育中，教与学具有不同于学科教学的特点，是教与学的互动，它是体育课程中较低层次的概念，而与体育教育处于同一层次的概念是体育教学、数学教学、外语教学等。体育教学是学科教学的一部分，体育教学应主要是教学的一部分，学习活动是体育教学的一个较低层次的概念，它是体育教学的第一个基本概念。

(二) 体育教学的内涵

体育活动不是静态的，而是一个涉及知识和技能传递的动态过程。在体育教育的不同阶段，由于许多方面的作用和影响，体育教育的概念和作用也不断发展。经过多年发展，现阶段体育教学的内涵包括以下三方面。

1. 体育教学是一门学科

体育教育体系包括许多要素，如学习目标、学习内容、学习方法、教学方法和评估。体育教育的目的是训练学生的体能，提高学生的身体素质，促进学生的身心健康。它是一门比较特殊的学科，旨在补充德、智、美的发展，并促进学生身心的全面发展。体育教学的主要形式是学校课程。基于课程的体育教学是基于学校课程的具体教学，旨在实现教育目标，补充德、智、美全面发展，以及发展学生的身体能力，促进学生的身心健康。从以上定义可以看出，体育教学重点关注体育知识和学习技能，但对学生的体育活动和体验、情感反思和社会适应的关注还相对有限。

2. 体育教学是教育的组成部分

理论体育教育是在体育教师的指导下，结合体育科学、生物学、教育学、运动心理学、运动护理学和社会学等方面的基本知识，有计划、有组织、有指导的活动，是体育活动和健康的一种基本形式。理论体育教育与德育、智育、美育、职业教育相结合，促进学生身心全面发展。除了在运动技能方面没有更多的要求外，体育教育和运动教育使学生能够参与并保持他们的身心发展，这构成了素质教育的基本内容和方法。

3. 体育教学是活动

体育教育是有组织、有计划、有指导的体育活动的组合。有关研究人员在他们的工作中也提出了类似的意见：现代体育教育是一种有计划、有组织的活动，旨在使学生的身体、运动、情感和社会性得到和谐发展。因此，在教学实践中，仅仅让学生掌握教科书中的理论是不够的。体育教育是以实际参与学习运动技能为基础的体育活动，掌握达到一定水平的运动技能，积累身体感觉经验，由于这些身体感觉和感受，技术动作可以被学习和掌握。

二、体育教学的特点

体育教育与其他学科有相似之处，但也有许多不同之处。就体育教育的性质而言，体育教育与其他学科的相似之处主要有以下几点。

第一，体育教学在很大程度上依赖于教师和学生之间的交流和互动。在体育教学中，师生之间的双向互动与其他学科一样，师生之间的交流是双向的。学生在课堂上的每一个动作都是公开的，教师的建议对所有学生都可能产生或多或少的影响；教师的“教”和学生的“学”充分体现了课堂教学的矛盾性和统一性。

第二，班级授课制是体育课和其他学科通用的授课方式。与其他学科一样，体育课的班级组成一般是自然的，但也有打乱班级自然混合的情况，如大学的体育选修课，每个班都有来自同一大学和同一专业不同平行班的学生，同一大学不同专业的学生，甚至不同大学和专业的学生来上课。这种情况是由大学体育教育的特殊性造成的，它虽然破坏了自然的课堂环境，但在实践中却反映了课堂教学的特殊性。课堂教学系统的特点是每学期每个班级的学生人数相对固定，而且班上学生的年龄、身体背景和技能水平基本相同。

第三，体育教育的主要目标是传授相关知识和技能，这与一般教育中的“教与学”不谋而合。另外，与其他文化课相比，大多数学生喜欢上体育课，更愿意参加体育课，而且学校对体育课的要求也越来越细致和严格。众所周知，参加体育课对身体和心理发展有非常积极的作用，对智力发展尤其重要。

体育教育是传递“知识和技能”的一种独特方式，不同之处在于它传递一种体育活动的文化。通过考虑体育教育的性质并将其与其他学科进行比较，可以总结出体育教育的主要特点。

（一）师生身体活动的频繁性

由于体育教学中的“身体意识”是通过对身体的不断思考、行动和练习而产生的，因此，体育教师需要对技术动作进行反复示范、评论和指导，而学生则需要有正确的心态，集中精力观察，然后对身体动作进行实验和尝试。技术和技能的获得离不开练习和重复。这就是为什么教师通常在体育课上向学生教授身体动作，但在其他科目的教学中很难看到这一点。其他科目的课程通常在室内进行，要求课堂气氛平静亲切，有利于激发学生的思维，产生良好的学习效果；但体育教学则相反，学生在上课时进行激烈的身体活动，并相应地表达自己的情绪和感受，这是一种外在的行为表现，体现了体育文化，清楚地展示了体育的积极和阳光的一面。

（二）传承运动知识的操作性

与其他学科不同，体育知识是关于“身体”的知识，它在学生的自我形象中起着重要作用，需要特别关注。身体的知识扎根于人类的感官。它产生于从寻求有关自然的外部知识到寻求有关人体的内部知识的转变，并构成对人类自我、人体和人类自我的挑战。今天，各级学校都非常重视学生的主体性，关注学生的个性发展。这种对自我意识的寻求的回归，不仅显示了体育教育的特殊性，而且也反映了体育教育中信息传递的特殊目的和根本重要性。我们可以假设，在未来，这种类型的知识将被大多数教育工作者接受和认可，并将在人类身心健康的具体研究中得到广泛的应用。

（三）学生身心合一的统一性

通过体育改变一个人的性格，不仅是外部结构和生理功能的结合，也是身体和心理的结合。体育教育旨在改变学生的身体本质，同时传授体育活动的文化，培养学生的心理和社会适应能力的发展。体育教育的学习情境不同于其他学科的知识性教学，它创造了一个直观感知的学习环境，这些直观感知的、生动的、情感丰富的学习情境，有助于学生心理和社会适应能力的健康发展。

因此，体育教育中的身心发展是一元的，符合辩证唯物主义的哲学观点。身体发展是体育教育的基础，心理发展依赖于身体发展，心理发展同时促进身体发展。体育教育中的身心统一，主要体现在以下三个方面。

首先，体育教师在选择符合学生身心变化规律的教学方法时，应考虑到学生的个体情况，使学生通过体育活动达到发展身心的目的，并根据有关体育活动的要求完成休息。当人体开始从事体育活动时，身体的生理状态发生变化，各器官开始工作，体育活动水平经过长时间的固定后继续提高；当达到一定水平时，在一定时间内保持固定；当身体积累了大量的代谢物，如糖原等物质被过量消耗时，人体的体育活动水平会下降。在体育课上，教师科学地分配体育活动，调节休息时间，使学生的生理功能的变化不是直线，而是有高峰和低谷的曲线。

其次，体育教学内容的选择不仅要以积极发展学生的身体器官和系统、各种运动技能和身体素质为目标，而且要根据心理学、体育美学和社会学的要求，发展他们的心理健康和社会适应能力。

最后，体育教育必须适应学生的年龄和心理特点。由于小学生还处于生长发育期，心理上有一定的变化和波动，思维、情绪和意志力的变化会影响到体育技术和运动技能的学习。这种生理和心理压力的起伏曲线反映了体育教育的特有节奏。

因此，体育教师应根据学生的心理特点，全面规划和组织教学，以促进学生的身心发展，激发他们的积极性，培养他们对体育的兴趣，从而使体育教育更有效地实现其目的。

（四）教学内容的审美情感性

首先，体育具有艺术美感，体育教育的美感主要体现在体育教学中师生的造型美和动作美。学生通过体育活动使自己的身体更具有美感，塑造身体各部分的线条美、身体比例的匀称美和运动过程中体现的人体结构美，这些都构成了体育的外在美。其次，体育还体现了人类精神的挑战之美——内在美。在体育运动中克服身体和心理障碍，达到运动学习的目的；在体育实践中养成谦虚、谦逊、尊重等良好道德习惯，也是美的体现。除了体育的外在美和内在美，体育课还体现了教育内容的审美性。

每项运动都有自己的美学特质和象征。例如球类项目，不仅展示了人们的运动能力和天赋，还需要团队合作、相互协调、相互帮助和其他人际关系的素质；田径项目更多地展示了一个人的力量和速度，同时表明没有永远的赢家，你必须永不放弃，你必须勇敢地战斗；健美操项目作为体育教育的一部分，展示了灵活性、敏捷性、艺术表现力、优雅和温柔的美。

在长期的发展和学习中，体育的各种知识和技能得到了多次运用和发展。首先，体育教师通过长期的概括和提炼，把它们忠实地传递给学生，让他们感受和体验，感受它们的美，受其启发，陶冶情操，理清思路，促进身心的和谐发展。其次，教学是社会性的思考和创造，教师和学生在课堂上创造的和谐的学习环境，为人们提供了体验体育之美的情境和精神感召力。同时，在体育教学中，师生之间存在着一种无形的联系，即教与学的统一性。在教师传授知识的过程中，教师和学生之间存在着丰富的情感交流。

（五）教学过程的直观形象性

体育教学的过程体现了清晰直观的形象。特别是教师讲解一个动作的直观形象，教师讲解时的声音需要有力、清晰，还要对动作的技术进行生动、易懂的描述，将信息以艺术化的处理方式传达出来，将复杂的技术动作演绎得形象、平淡，让学生加深对动作的理解和记忆。同时，体育教师采用特定的方法来说明动作，包括以特定的方式使用视觉图像来说明动作，如教师自己的插图、特殊学生的插图、正确和不正确学生的对比插图、教学图像的例子、木偶的例子和说明动作，以帮助学生通过感官获得对动作的基本了解，形成正确和清晰的运动观念。通过不同渠道和媒体对真实运动的演示，学习者同时实现了生动的表现和积极的思考，获得了运动知识、技术和技能，并发展了自己的视觉感知和思考能力。此外，体育教学的组织和管理也体现了视觉形象的特点。

在体育课上，每个学生的动作和特点都能直接被老师看到，反之，所有的学生都能看到老师在课堂上的所有动作。因此，体育教师必须控制自己的言行，因为他们要为学生树立榜样，对学生的行为施加微妙的教育影响。教师需要观察和收集的正是这些信息，以便通过观察、反馈和指导来帮助学生发展。视觉化是体育教育的重要原则，只有注重视觉化和图像的使用，学生才能更好地理解和更快地学习。

（六）客观外界条件的制约性

体育教育的另一个特点是，体育课的说教效果在更大程度上受到外部因素的影响，受到客观现实的限制，如学生体育活动的基本质量、学生的体能水平、性别、年龄、生理和心理特征、外部气候条件、运动场地、设备和器械等。这些因素在不同程度上影响着体育教育的质量。

从体育教育的角度来看，体育课应体现教育的整体性，不仅要根据学生的运动经验进行区分，还要考虑到学生的年龄、性别和生理、心理特点。由于男孩和女孩在身体状况、运动技能和运动功能水平方面有很大差异，教师应根据学生的性别来区分课程计划、教学要求和课程组织。忽视学生之间的差异，盲目地选择组织、方法和内容，不但达不到提高身体素质和训练身心的目的，反而会增加学生的体力劳动，使他们疲于应付。

就体育教育环境而言，大多数体育课都是在户外进行的，与此相关的客观因素很多，如天气、温度、气候、噪声等。同时，学生在户外活动时，会有一种新奇感，在心理上更容易受到抑制，这样的环境会导致学生注意力不集中。还有一些不可控因素，如各种学校活动和假期，也会对体育教育产生或多或少的影响。同时，对教室环境、设备和设施的要求也是体育教学中最独特的方面之一。因此，在课程设置中，从教材内容的选择到教学组织方法的实施，从学期计划到每节课的具体计划，每一位教师都要考虑到这些客观现实和影响因素，以消除各种因素的影响，提高在寒暑、风雾、雨雪等恶劣条件下的体育教学质量和效果，以提高学生的毅力和自制力。

第二节　体育教学的本质与功能

一、体育教育的本质

教育的性质从根本上决定了体育教育的性质，其基本特征是“改善身体状况和健康”，而身心健康是人类全面发展的重要因素。我们还详细论述了体育的教育成分，从广义上讲，教育指的是所有旨在影响个人身心发展的社会实践。从狭义上讲，教育特指有组织的教育，即学校教育，它不仅包括全日制教育，还包括非全日制、校外、成人教育等。它是根据特定社会的现实和未来需要以及年轻一代的身心发展规律，有意识、有计划、有组织、有步骤地引导受教育者掌握知识和技能，培养思想道德，发展智力和体力的一种方式。它是一种旨在培养能够适应特定社会（或阶级）需要并为社会发展作出贡献的受教育者的方法。下面将讨论体育教育的本质。

（一）体育教育促进人的全面发展的特性

根据马克思主义教育观的原则，体育是全面发展教育的一个重要组成部分。体育教育是促进人的全面发展的教育的一部分。体育教育的特点主要是学生的身体活动（运动），与学校教育的道德和智力活动不同，根据马克思的历史观，正是体育教育或通过身体的教育促进了人类的全面发展。

（二）体育教育的社会制约性和服务性

在其产生和发展过程中，体育教育受到社会政治经济的影响和制约，并为社会的政治经济服务。事实上，现代体育教育已经引起了世界不同地区的关注。近年来，许多国家修订和完善了体育教学计划，加强和改革了体育教育，提高了体育教育的地位，优化体育教师的结构，投入物力和财力来推动体育教育。1999 年，中共中央、国务院决定深化教育改革，全面推进素质教育，明确强调实施素质教育，既要抓好智育，又要加强体育，促进学生全面发展和健康成长。要切实加强学校体育教育，使学生养成体育锻炼的习惯。

从多年来制定的加强中国学校体育教育的政策文件来看，体育教育已经得到了我国政府和社会的认可和支持，在中国有了很好的发展机会。总之，社会经济的发展在一定程度上限制了体育教育的发展，但良好的社会经济发展又为体育教育的发展创造了有利的土壤，促进了体育教育的健康发展。体育教育的不断发展也为社会培养了德、智、体、美全面发展的人才，从而为社会的经济发展提供了最好的服务，所以这两个领域是相辅相成、缺一不可的。[1]

（三）体育教育研究的多维体育观和方法论

随着现代社会的快速发展，个体竞争日趋激烈。因此，提高学校体育教育的质量非常重要。体育教育是培养具有良好身体素质、坚强意志和适应现代社会竞争的能力以及全面素质的现代人的一种手段。它需要探索广泛的方式和方法，提供一些理论支持。要从生物学、社会学、心理学、人文科学等多维角度研究体育的本质，对其本质的理论要全面、系统、多维、立体。现代体育教育的发展，充分显示了其多维的作用。社会的不断进步和发展，也使我们必须不断更新概念框架，不断提高方法论研究能力，从不同的角度来分析和研究体育教育，使之不断适应社会发展的需要，为体育教育的更新和发展作出贡献。

二、体育教育的功能

（一）体育教育的本质功能

根据体育教育的本质特征，体育教育的本质功能包括健身功能、健心功能、教育功能。

1. 体育教育的健身功能

（1）改善人体心血管系统的功能。运动可以增加心肌细胞的蛋白质合成，增厚心肌纤维，提高心肌收缩力，从而增加每搏心输出量，提高心脏的

[1] 杨艳生．体育教学改革与创新实践研究［M］．长春：吉林人民出版社有限责任公司，2021.

血流能力。运动可以增加血管壁的弹性，预防或减轻因血管壁变性而引起的疾病，如退行性高血压。运动可以增加人体毛细血管的开放程度，加快血液和组织液的交换，增加人体的新陈代谢。练习体育运动可以明显降低血液中的脂质水平（胆固醇、蛋白质、三酰甘油等），有效预防冠心病、高血压和动脉硬化等疾病。经常练习体育运动可以使休息时的心率和血压下降。

（2）改善人体的呼吸功能。经常进行体育锻炼，特别是长跑、游泳等有氧耐力运动，可以增加呼吸肌的力量，促进肺组织的生长发育和肺的扩张，从而增加肺活量。此外，经常性的深呼吸运动也可以增加肺活量。运动后，呼吸肌的力量增加，使呼吸深度增加，提高肺部通气效率，从而增加氧气从肺部进入血液的流量。

（3）鼓励骨骼和肌肉的生长发育。从出生到成年，人类经历了一个连续的生长发育过程，其中主要是骨骼和肌肉的生长发育。体育活动可以促进骨骼和肌肉的生长和发育。人类身高的持续增长主要是由于人类长骨的骺软骨的持续增长，只有在骨化完成后才会变得很大。在青春期，年轻人可以接受体育教育，参加体育运动，特别是跳跃和射击，这可以促进骨骺线的生长和分布，从而促进身高的增加。此外，进行体育运动可以使骨骼变厚，增加骨密度，提高骨骼的抗压和抗弯能力。医学研究表明，经常进行体育运动可以提高体内氧化酶的浓度和线粒体的数量，从而增加人体肌肉的有氧代谢，提高利用能量的能力，从而保证身体的能量供应。总之，通过锻炼，年轻人可以促进骨骼和肌肉的生长发育，从而健康成长；而成年人通过锻炼，可以保持坚硬的骨骼和强壮灵活的肌肉，从而保持健康的生活。

2. 体育教育促进心理健康的功能

在这里，心理健康功能主要是指参与体育活动可以调节人们的心理状态，帮助人们维护心理健康。现代社会极大地丰富了人们的物质生活，但人们的精神生活却得不到充分满足。快节奏的生活和激烈的竞争压力意味着人们出现了某些精神和心理问题，出现了抑郁、焦虑和情感淡漠等心理症状。比如在青春期，爱情的失望、考试和升学的压力、大学生就业的压力等，都带来了一系列的心理问题，心理健康对人们的总体健康状况起着重要作用。

体育锻炼可以调节情绪，改善心理健康。这主要表现在：参加体育运动可以刺激人体产生某些负责调节体温、心血管和呼吸功能的内啡肽，还可以调节不良情绪，鼓舞士气，缓解抑郁，使人们的身心保持轻松愉快的状态。

此外，参加体育运动可以增加人与人之间的情感交流，特别是在某些集体运动中，可以培养人们的团结合作精神，缓解孤独感和抑郁症。参加体育运动还可以给人们带来信心，例如，在球场上的胜利射门或在球场上发挥关键作用可以给人们带来新的形象，增加他们对生活的信心。总之，运动是一种非常好的调节人的心理健康的活动。

3. 体育教育的教育功能

作为一项教育活动，体育教育对个人的教育功能是其重要目标之一，主要体现在以下四个方面。

（1）学习基本技能。人从出生开始就缺乏基本的生存技能，如走路、跑步、跳跃等，这些技能需要在以后的生活中学习和练习，而体育教育是最好的方式。体育老师从小就教我们正确的站立、行走和奔跑姿势，为我们今后的生活打下坚实的基础，这是人最基本的需求，从这个角度看，体育教育是必不可少的。

（2）传递信息和体育文化。体育是一种在人类生产生活中不断发展的文化活动，代表着一种珍贵的文化遗产，因此必须通过一定的活动来传播。体育教育是完成这一任务的最佳工具。体育教育使人们能够了解体育活动，获得从事体育活动的手段，认识到体育活动对健康的价值，并养成从事体育活动的习惯，形成健康的生活方式。引导青少年参加和关注体育赛事，能够使他们获得更多关于体育规则和文化的知识和理解，从而促进体育文化的传承。

（3）促进人的社会化。每个人不仅是一个自然人，而且是一个具有强烈社会性的社会人。一个人一旦经历了家庭教养、学校教育和社会教育的综合作用，一个人的社会特征就会逐渐成为其第一性征，并逐渐完成个人的社会化。只有完成了社会化，每个人才能不断适应社会的需要。如果一个人不能完整而明确地完成其社会化，他或她可能会给社会带来不便，因此必须努力促进个人的社会化。许多研究者建议通过体育和运动来促进社会化。事实上，当人们参加运动或比赛时，他们必须遵守有关运动的规则和条例。在社会领域，对规则和条例的尊重意味着对法律法规和纪律的尊重等。体育比赛中对诚实和公平的强调，如果延伸到生活中，就代表了社会对平等和公平的追求。参加体育赛事时，我们必须与不同类型的人互动，如队友、裁判和观众。所有这些都可以帮助我们适应社会中的角色，并通过参与和体验不断修正我们的行为。体育教育是帮助人们进行社交的一个非常好的方式。

（4）组织爱国主义教育活动。在体育教育活动中，体育比赛等活动可以激发人们的爱国热情，是实施爱国主义教育的很好途径。我们时常可以看到运动员在获得奥运会、世锦赛等国际比赛冠军后，举着国旗满场跑，这可以向观看比赛的青少年传递巨大的爱国热情，进行良好的爱国主义教育。在国际比赛前奏响国歌，总能激发人们的爱国热情，让人们接受爱国主义教育的洗礼。各种形式的体育活动和比赛都是爱国主义教育的最佳形式。

（二）体育教育的延伸功能

体育教育除了本质功能外，还有一些延伸功能，其延伸功能主要包括娱乐功能和经济功能。

1. 娱乐功能

在体育教育过程中，体育和娱乐之间的自然联系是显而易见的。运动本身就有娱乐的成分。作为体育课的一部分，为学生组织的体育游戏包含了娱乐元素。现代体育教育不再是传统意义上的简单的体育课。人们在空闲时间从事某些类型的体育活动，如参加体育课，到健身班上课等，这些活动都可以缓解压力，创造快乐的氛围，因此体育教育具有娱乐功能。

2. 经济功能

体育教育的经济作用主要体现在以下几个方面：首先，通过让人们有机会掌握体育技能和参与体育活动，可以提高他们的身心健康，以便为国家和社会健康工作。只有当人们健康时，他们才能为社会创造价值，产生经济和社会效益，这也间接反映了体育活动的经济作用。其次，当今社会已经有很多体育教育机构通过培养青少年的体能而产生经济效益，这是体育教育的经济功能之一。最后，体育教育可以造就一批有竞争力的运动员，优秀的运动员可以成为体育明星。体育明星具有很大的商业价值，例如，一些足球运动员通过赞助可以获得数千万美元的收入，这就是他们带来的经济效益，也是体育教育的经济效益。

第三节　体育教学的现状与创新

一、体育教学现状

近年来，学校体育教育已成为体育教育领域的一个重要问题，许多专家和研究人员将研究目光锁定在这个领域，高校体育教育也成为该领域的核心部分。随着时间的推移，人们提出了许多关于改革高等院校体育教育的想法和建议。然而，经过仔细的思考和实际的试验，人们发现这些建议中有许多存在实施问题，并没有带来人们所希望的体育教育效益的重大变化。因此，必须先对大学体育教学的现状进行基本分析，以便针对我国的教学情况提出最合适、最贴切的解决方案。通过对有关这一问题的大量文献的分析，我们可以将国内外现有的教学形式归纳为以下几类。

（1）传统守旧的体育教育。

（2）基于学生体育的体育教育。

（3）基于竞技体育的体育教育。

（4）快乐体育教育。

（5）基于个性特征的体育教育。

（6）基于传统项目的体育教育。

（7）基于发展能力的体育教育。

（8）注重体能的体育教育。

（9）基于终身教育的俱乐部体育教学。

目前，中国大学的大多数体育课程仍然是传统的体育课程。在这种模式下，走、跑、跳、投等基本运动是主要的教学内容，为了保证教学内容的一致性，实现循序渐进的学习效果，教学模式可能只关注单一层面，而不涉及更全面的需求。这是体育改革的起点，但是目前的改革并不理想：一种类型的改革只能盛行一段时间，并不会带来一波改革。

如今，体育教育在中国大学中的地位越来越重要，教学的目标和需求也越来越大。教育改革应将素质教育作为教育改革和发展的主题，并与科学、技术、经济、文化和社会相结合。因此，大学体育不再是简单的改善学生身体状况的手段，而是素质教育的一个整体，通过大学体育教育加强个人能力，促进个人发展。在这种情况下，大学体育教育应发挥以下作用。

（1）增设“野外生存体验”“攀岩登山”等新课程，在课程开展的过程中，适时地增加难度和阻碍，使学生在扫除阻碍的过程中，发散思维，借助团体的力量，共同面对困难并想办法解决，提升他们的适应能力，培养吃苦耐劳的精神，强化团队意识。

（2）课程的设置要以学生的兴趣、喜好为基础，添加一些时代元素，要吸引他们参与其中，在体验的过程中感受快乐，要让他们有成就感，培养他们自信、自强、乐观的心态。

（3）提升他们的沟通交流能力、组织能力等，促进身心的健康发展。

二、高校体育教育现状中的问题

高等学校的体育教育是国家体育的支柱之一，是全面发展教育的组成部分，有助于提高人民的身体素质，建设社会主义精神文明，直接或间接地影响着建设社会主义的有理想、有道德、有文明、有纪律的人才的形成。因此，党和各级政府历来把体育教育放在相当重要的位置。

随着改革的深入，大学体育得到了发展，但同时也应看到，在我国市场经济的新的历史时期，社会发展对学生的人才培养要求更高。随着学校教育的不断扩大和丰富，群众体育的逐步普及和竞技体育的迅速发展，大学体育作为高等教育的重要组成部分和促进学生全面发展的主要手段，某种程度上已经不能满足现代社会发展的需要。了解大学体育的现实情况，对其未来发展至关重要。

卢元镇教授在《中国学校体育必须走出困境》一书中总结说，中国学校体育存在着学生体质下降、中小学体育课拥挤且质量差、学校体育无法培养国家体育人才以及学校体育没有纳入国家课程等问题。这属于四个问题领域。这些困境在大学体育中也是一个现实，除了强调体育教育外，大学体育中没有解决这个问题。事实上，大学体育不仅面临着这些困境，还面临着许多其他影响大学体育正常运作的困境，如教育系统的困境和体育理论与实践的冲突，特别是在以下几个方面。

（一）大学体育功能的弱化

学校体育是促进青少年全面发展的重要因素，对青少年思想道德素质的形成、智力发展和审美素质的提高起着不可替代的重要作用。它是鼓励爱国主义和集体主义、增强民族精神和传播民族文化的重要手段。体育课是中国所有大学都要求的基本科目。体育的目的是促进学生的身心健康，提高学生的体能，使他们能够奋发学习，为将来建设和保卫祖国打下良好的基础，使他们成为真正德、智、体全面发展的人才。体育的功能可以归纳为七个方面：健身、娱乐、促进个性、社会和情感功能、教育、政治功能和经济功能。

目前，中国高等教育中的体育课程主要有三种类型：一是普通体育课程。这些课程大多是在第一年的学习中开设的。第二，专门的体育课程。为了应对学生的不同爱好和个人发展，发展特定的运动技术和技能，这类课程使他们在全面发展的基础上实现专业化，从而有助于终身参与体育运动。这些课程一般在学习的第二年开设。第三门课程是娱乐性体育课程。这些是为患有痴呆症或医学性质的慢性疾病的学生设计的体育课程。其目的是通过适当的体育活动改善学生的健康状况，并迅速恢复其健康状态。体育课程的内容和方法取决于学生的具体情况。

就大学体育的实施而言，可以说大学体育的使命并没有完全实现，这种现象近年来甚至有所恶化。在大学生体质健康方面，体育总局公布的 2010 年全国大学生体质健康状况调查结果显示，大学生体质健康状况继续缓慢下降。提高大学生的身体素质和健康水平是大学体育的主要任务和重要工作，但大学体育的实施效果并不理想。

目前，全国中小学生体质测试的结果表明，现代疾病与年轻人缺乏体育锻炼有关。小学生、中学生和大学生的身体素质存在着明显的差距，包括形态发育高，身体素质低；身体成分高，身体素质差。此外，我国学生的近视率逐年上升，尤其是中小学生；肺活量、爆发力、速度和耐力等质量指标在不断下降。

（二）体育课程实际地位低下

体育课程实践地位的弱化与体育课程的法律地位有关。高校体育课程的主要实施手段是课堂体育教学，高校体育教育的法律地位也决定了高校课堂体育教学的法律地位。然而，从实际执行情况来看，高等教育中的体育教育法律框架似乎有很大不同。大学里的体育课程在课程设计、资源分配和授课方面得到的投资明显少于其他学科，这影响了体育课程的质量和体育教学的质量。

多年来，在体育教育领域传统思想的影响下，许多人错误地认为体育教育就是传授运动技能，通过跑、跳和锻炼来改善学生的身体状况，从而严重忽视了体育理论知识的学习和教学。

国家在小学、初中、高中和大学开设体育课已有十多年，并以《学校体育工作条例》为题制定了一系列法规和文件。与中小学相比，中国高校普通体育课程有以下特点：①教材内容按运动项目划分，强调“田径是一切运动的基础”，田径是基本教材。女生要学习篮球和排球，男生要从篮球、排球和足球中选择两项运动。②男生和女生分开上课，为病弱学生提供治疗性体育课。③没有具体的班级划分，每个学校制订自己的方案。中国高等院校的体育总课程将体育作为核心课程，并将其作为考试和测验科目，对学生的体育成绩、学习态度以及对体育知识和技能的掌握情况进行考核。许多高校在中共中央和教育部门政策的积极支持下，成立了学校体育管理机构、体育教师初始和在职培训机构，并组织了大量的专职研究人员，为各种发展条件制定标准，改善体育课程教学。然而，许多学生在离开学校后就告别了体育教育，十多年的体育教学并没有成功地巩固终身体育的概念，也没有培养出体育技能和良好的习惯。

（三）高校体育教材和教学内容陈旧

我国高校的体育教材大多是为传授竞技体育技能而编写的，其内容千篇一律，没有反映现代社会发展对体育教育的真正需求，没有更新，实用性不强。在体育课程内容、教学形式和考核方法、课外体育活动的组织实施等方面，大量学校仍在使用20世纪五六十年代的方法，即统一教学目标，系统地组织教学内容，强调竞争性的评估标准，体现标准化的教学形式，坚持训练学生的纪律性，枯燥而机械。

大多数体育教材都是以单一课程和单一运动练习为基础组织的，这偏离了现代体育教学的教育目标，在一定程度上忽视了大多数学生的参与需求。长期以来，中国高校一直采用基于运动员教学和训练模式的竞技体育教材体系来为大学生开设体育课程。由于过分强调技术动作的定义，动作的执行水平有些高，许多学生认为这是一种负担，导致他们对运动失去兴趣。这就与大学体育教育的目标“脱节”了。采用单一的体育训练和体育教育质量标准，没有考虑到不同学生的个性化需求，无论在什么情况下，都必然会偏离基础教育的目标，这又导致了大学体育的形而上的泥潭。此外，教材的编写没有考虑到学生的特点、个性和兴趣，就无法鼓励学生在教材信息的基础上制定自己的体育活动方法和风格。

三、高校体育教学创新

创新是21世纪教育改革最响亮的呼声，也是高等体育教育中最有力的时代声音。不仅学校体育能够培养和发展人们的创新精神和创新能力，而且学校体育的发展也有赖于创新和新颖。在教学实践中真正落实创新方法，一个很重要的方面是对以往的教学模式、内容和方法进行积极的反思，提高教师的教学反思意识。

（一）构成高等学校体育教学创新的基本条件

教学创新，就其本质而言，应该是一种教师的技能，是对传统课程的发展，是在教学过程中不断挑战传统教学的不同思维方式。因此，要实现高校体育教学创新的目标，指导创新的思想观念必须明确，创新本身必须满足以下基本条件。

1. 提高体育教师的教学研究能力是实现教学创新的根本出路

体育教师要积极参加教育实践和改革，改变自己的职业形象，改变体育教师的职业形象，积极提高自己的科研意识，参与学校的教育改革，不断反思，规划和使用符合实际的教学方法，使教学处于创新状态。体育教师在教学实践中拥有更多的研究和创新机会，要充分利用实践机会，大胆创新，采用先进的教学模式和方法。

教学创新意味着体育教师必须对自己创造新的知识结构和积极改进自己的教学实践的能力充满信心。由于学校体育改革和创新的关键在于教师，因此改革和创新的重任最终由教师来承担。要改变体育教师的专业形象，就需要付出相当大的努力来提高其教学和研究能力。把改革和创新看作一种机遇，教师就会欣赏和积累丰富的教育教学知识，提高自己的理论素养，增强信息素养，以便更快地吸收进步的教育思想、理论和理念，拓宽自己的知识面。教学创新是教师积极的教学实践，是对教学创新的强烈渴望，是自觉自愿的行动。

2. 提高体育教师的教学效能感是实现教学创新的动力源泉

教师的效能感是提高教学质量的一个重要因素。换言之，一个满足于现状、教学效能感低的教师将很难在教学中创新。

鉴于目前高校体育教育的困境：如何满足学生当前的体育需求，如何实现教与学的充分协调，影响这一问题的因素很多，包括学校的教学风格、教学目标、课程设置、教学方法、学习环境和教学条件等，也受到教师主观因素的影响，其中之一就是教师的教学自我效能感。教师的教学效能是其教学信念的重要内容，而自我效能感最常表现为教师的道德和人格。为了促进高等院校的教学创新和改革，加强教师的职业道德将是未来教学竞赛的主要目标之一。

3. 拓宽教师继续教育的渠道、提高教师的教学能力是创新教学的基础

对大学体育教师在职培训的必要性和必然性已形成共识。加强教师在职培训的措施，应采用灵活多样的方法，强调教师根据自己的工作实际，对所学课程进行适当的定位，把教学实践和课程结合起来，把工作和学习的方向放在相互支持上。应重视发展学科的理论和理论特色，重视对教师进行教学技能和方法的培训。改变在职教师培训的观念越来越重要，最重要的是能够制作专业的在职材料，包括参考书、适合个人学习的通俗理论材料和适合问答课的高质量结构化介绍材料。只有这样，教师的学习和工作才能无缝对接，才能提高教师的教学技能。创新教学需要教师具备特定的教学技能。教学技能是教师的核心能力，它是教师在知识内化过程中产生的复杂表现，是能力的基础。拓宽在职教师培训的渠道，将为提高教师的教学技能和教学质量，以及积极进行教学创新提供坚实的基础。

（二）反思性教学对高校体育教学创新的启示

反思性教学是近年来在一些西方发达国家出现的一种新的教学实践。20世纪初，反思文化的出现加强了教师的反思意识，是教育者创新的灵感来源。随着心理学、伦理学和教育理论的发展，人们认识到，对教师职业道德或职业责任感的肯定构成了反思性教学的基础，教师在教学中对“理性”的承诺促使主体对自己的行为进行反思。反思性是教师的一种自觉行动，他们通过对教学实践的长期反思，不断探索和研究教学问题。

1. 立足教学实际，创造性地解决教学问题

创新意味着修改、超越和发展传统、常识、常规和秩序。事实上，教师和学生都是创新学习的对象。为了唤醒学生的主体意识，培养学生的主体精神，必须在教学实践中为学生创造一个宽松、民主、和谐的氛围。教师针对问题制订教学方案并进行探索，通过解决问题来提高教学质量。立足教学实际，实施创新学习，鼓励学生的创新精神和创新能力，既要注意鼓励学生的创新智力素质，又要懂得在教学的各个环节鼓励学生的创新非智力素质。

2. 立足“两个学会”，加速教学过程的整体优化

由于反思性教学是一种“双重学习”，体育教师需要教会学生掌握运动技术，从而使他们对体育活动形成终身的理解，并学会自己运动。学会教学本身就是一个不断学习和创新的过程，学会教学意味着更好地回应学生的教育需求，加深教师对课程内容的理解。

3. 增强教师的职业道德感

对教师职业道德的理解，不仅是反思性教学的重要基础，也是创新教学的重要基础。创新教学需要教师有强烈的职业道德感，对教学过程中遇到的问题进行反思，从而找到解决问题的方法。教师需要关注同事如何处理同样的问题，在教学实践中研究它、推广它、改进它。只要有利于周边学生的实际情况，有利于他们的发展，能够提高课堂教学效果，就是一种创新。

在某种程度上，提高教师的职业道德比提高其技术和技能更重要。体育教育是一个积极的实践过程，在这个过程中，教师和学生一起努力，体育教育的过程涉及一个创新的教育过程。提高教师的自我意识和教学效果，使其真正实现从“技术型体育”到“技术—理论—科学型体育”的转变。

第四节　体育教学改革的发展历程与发展趋势

一、学校体育教学改革的发展历程

（一）学校体育教学的改革历程

改革开放后，中国的学校体育进入了一个新的发展阶段，出现了各种各样的想法和做法。在思想观念方面，20 世纪 80 年代初，当提高身体素质的基本思想被提出后，旧的体育技术和技能教学的思维方式被逐渐改变和瓦解。

随着 1990 年《学校体育工作条例》的公布和实施，增强体质和健康的主导思想得到确认，增强学生体质和健康是学校体育教育的主要目标，这一点逐渐形成共识。随着人们意识的解放和对学校体育教育认识的深入，出现了快乐体育、终身体育、成功体育等多种观点。这种深入的理解也使人们对学校体育和学校体育的结构作用有了新的认识，明确了体育教育和学校体育在过程、任务、内容和评价方面的区别，也促进了学校体育的发展。随着小学教育向素质教育的过渡，从社会学、生物学和心理学角度对学校体育的多维看法逐渐开始出现，作为终身体育基础的体育教育意识、习惯和技能逐渐出现，学校体育作为终身体育的一个子系统的观点逐渐出现，学校体育的概念逐渐发展起来。就体育教育而言，体育教育与学校体育的区别和关系逐渐清晰，逐渐形成了界定体育教育和技能教学的意识形态，强调教授健康和健身的基本原则。

在认识上，体育教育与体育技术、技能的区别逐渐显现出来，提高身体素质与体育技术、技能和能力的关系也越来越清晰。为了明确体育技术和技能与提高体育身体素质的关系，国家教委根据课程理论研究的进展，于1996年公布了《体育两类课程整体教学改革的方案》，将体育课程分为课程和活动课程两部分，并明确了两类课程的目标和要求。

以提高运动技能为基础的体育教育在理解上是零散的。就体育教学内容而言，遵循体育与文化相结合的原则，使之能够考虑到内容的文化性，注意身体素质，并提请注意对某些竞技运动的“规则性”态度；遵循民族性与世界观相结合的原则，使之能够使内容具有广泛的现代性，同时提请注意民族传统的吸引力。就课外体育教育而言，将重点放在促进健康的体育活动、课外体育活动和课外体育训练上。就内容而言，人们希望丰富多样，强调地区和学校的特点和传统，强调不同的组织形式，强调校内和校外体育活动的结合，以及体育俱乐部的雏形。就中学后教育而言，人们呼吁建立国家体育储备，重视中学后教育，并建立小学、中学和高等教育的一站式服务系统。

（二）学校体育教学的改革趋势

总的来说，学校体育的发展是随着素质教育的深入和对学校体育作用的认识而发展的：①在指导思想方面，更加注重把社会需要和学生需要结合起来，把个人发展和科学社会发展结合起来，把体育意识、兴趣、习惯和能力教育结合起来，把体育和健康结合起来，把体育教学和课外体育结合起来，实现整体效益；②在学校体育的内容方面，更加注重将体育健身的内容与竞赛文化相结合，引入不同的选择；更加注重将体育融入课程。③在学校体育内容方面，更加注重将体育健身内容与竞技文化相结合，注重竞技文化的“手册”，引入不同的选项；更加注重将健康和体育文化以及地方和民族体育文化的内容纳入学习内容。④在组织形式方面，将更加重视学生体育俱乐部和学生体育小组，以及校内和校外的联系。上述变化对体育教师提出了更高的要求，并对以前的体育专业培训和课程进行了改革。

二、现代体育教育的发展趋势

（一）“健康第一”的体育教育思想

健康是时代的主题，也是我国目前提倡的生活理念。健康教育对每个人的成长和发展至关重要。健康教育和学校健康教育的概念最早由美国教育家霍利斯曼在1800年提出。联合国教科文组织教育改革家顾越也表示，每个孩子都应该有健康学习的权利，并强调改善健康观念，培养创造力和具体的实践能力对改善全球健康的重要性。因此，为了跟上时代的步伐和满足社会的需要，在今后的教育活动中，有必要把体育作为促进学生身体健康的手段，以达到强身健体、提高道德素质、促进身心全面发展的教育目的。体育教育和健康教育是紧密相连、相辅相成的。因此，未来的体育教育理念应致力于将“健康第一”的理念付诸实践，将健康因素融入体育教育中，让学生意识到健康的重要性，教会他们如何增强体质，并激励他们参与体育活动。最新版本的《体育与健康课程标准》也引入了“健康第一”的概念，强调体育课程的最终目的是促进学生的健康发展。

（二）以素质教育为主线的体育教育

现代教育正逐渐成为真正的素质教育，注重个人各方面的发展，而体育教育是素质教育的重要手段。其主要作用是让学生参与体育教育和运动，以提高他们的身体、心理和社会适应能力，并发展个性和其他综合素质。优质的身心健康是发展其他素质的重要基础，是优质教育的一部分。学生参加一定量的体育教育，使他们拥有美丽的身体，强壮的体魄，增强身体机能，有助于培养平静的心态和经常进行体育锻炼的习惯。因此，体育教育应成为素质教育的重点，不断提高其教育质量，丰富其教学内容，以利于学生成为一个平衡的人。

（三）以创新性和快乐性为特征的体育教育

创新是一个国家发展的动力，是否具有创造性思维是衡量一个人综合素质的重要指标。因此，在发展素质教育的今天，任何教育都离不开创新文化，体育教育也不例外。

因此，体育教师应在日常体育活动中努力鼓励学生的创新意识、能力和精神，通过某些运动项目的技术和战术训练学生的创造性思维，让学生在体育课上自己进行创造性活动，如自己创造徒手锻炼，在场上建立自己的战术，以不断提高学生的创造性思维和能力。随着体育教育的发展，人们不断探索不同的体育教育形式。其中，快乐式体育教育起源于日本，传播到中国后受到师生的欢迎，也在一定程度上缓解了学生的无聊情绪。

快乐教育模式的重要性可以从三个方面来理解：①它能刺激学生参与，增加他们对体育的喜爱。②教育模式具有普遍性，适用于任何群体，能刺激每一个学生。③顾名思义，快乐体育是为了给学生带来很多快乐，让他们感受到体育的重要性和价值，使他们更加自信。

基于以上分析，现代体育教育越来越注重体育教育的创新发展，趣味性也越来越成为体育教育的重要特征，这两个特征将促进体育教育的进一步发展和完善。

（四）以终身体育为目的的体育教育

1965 年，法国成人教育家 Paul Langeland 提出了“终身体育教育”的观点。这位法国学者提出，终身体育教育包括培养和发展学生的体育能力，并以这样的方式管理学习，使学生在学校教育期间获得“能力”，并培养和掌握终身的体育活动习惯和做法，以便他们能够在余生中使用。这种意识形态的发展大大丰富了学生获得体育活动技能的方式。这种意识形态的加强，极大地丰富了体育教育的理念，促进了体育教育的发展。

终身体育的重要性包括两个方面：首先，它意味着人们从生命的开始到结束都在学习和练习体育，使他们有一个明确的终身目标，体育成为他们生活中重要和必要的一部分；其次，终身体育思想的目的是使体育系统化，采取一种整体的方法，使人们有机会在不同的时间和不同的领域进行体育练习。

终身体育认为，人们不仅应该在大学阶段参加体育运动，而且应该在人生的每个阶段参加体育运动，也许在每个阶段参加不同的体育运动，但目的都是促进身心健康的全面发展。因此，体育教育过程应以培养人们终身参与体育运动为目标，帮助他们发展运动技能，同时提高他们对体育和健身的认识，激发他们对体育运动的持续兴趣，使受教育者充分认识到终身参与体育运动的重要性和作用，这应该是体育教育的最终目标。

（五）探索“体医结合”人才培养模式

“体医结合”从表面上看是指体育与医学的结合，即按照医学的理论基础及其目标对体育教育方法进行科学的综合。在“体医结合”的理念中，体育在健康促进（预防）、治疗和康复方面发挥着作用。随着全民健身战略的出现，“体医结合”将为建设健康中国、提高全民健康水平提供重要的战略支撑。

北京体育大学副校长胡杨在接受中国青年报记者采访时表示，健康和医学课程是专业体育学校体育教师培训的薄弱环节。他还谈到，专业体育学校中的运动康复和运动理疗专业的学生缺乏实际的体育技能，他们的专业知识主要集中在运动训练和运动损伤方面，缺乏医学和健康知识，这使得这些体育人才很难立即进入医学和健身领域。

随着当前社会对体育人才需求的转变，体育院校应抓住机遇，探索“体医结合”，拓展人才培养的新领域，培育体育院校的新特色。

体育教育机构在考虑如何为“运动医学综合体”培养人才时，应注意两个方面：

第一，研究为“运动医学综合体”培养人才的形式和类型，规范“运动医学综合体”。

第二，调整“运动医学综合体”的课程支持体系。在“体医结合”的形式上，要把“体医结合”的指导思想和广大群众的需求结合起来，培养体育人才，包括中医与体育的结合、体能训练方法和器材在竞技体育中的应用、身体观察和康复治疗方法，主要侧重于中医与体育的结合、体能训练方法在竞技体育中的应用。中医与体育的结合在成都体育学院进行了研究，并成为高校的特色专业；竞技体育中的训练方法和大众康复方法的结合也在北京体育大学和首都体育学院进行了实践研究。

在传统体育与医学结合方面，北京体育大学专门开设了民间体育和体育保健专业，将传统体育（如坎肩、太极拳）与健身保健相结合。在体育与健康课程的结合体系方面，专业体育学校应增加健身与健康课程的内容，同时针对运动康复中运动技术基础薄弱的问题，增加实用技术课程的学习。

（六）社会需求导向下的多元化人才培养模式探索

全国体育人才市场反映了体育产业的两极分化和优质健身指导员的严重不足，以及难以吸引体育院校培养的体育人才等问题，这反映了体育院校的教育目标与社会需求之间的冲突。因此，体育学院需要考虑到社会的发展需求，寻找其他的人才培养模式。

根据高校人才培养类型的细分，体育专业人才可分为应用型人才、研究型人才和综合型人才。而各自的人才培养也分为三种类型：应用型人才培养、研究型人才培养和综合型人才培养。

应用型人才培养以社会部为培养领域，集中于理论知识和实践技能的掌握，是体育院校人才培养的主要形式。培养应用型、社会型体育人才，应遵循“基础扎实、口径宽广”和“理论与实践并重”的原则，通过各种必修课和选修课培养学生的基础理论知识；同时，要不断增加新的知识，以满足不同社会的需要（例如，在运动康复专业中应增加健康和医学课程，以满足体育与医学相结合的需求）；还应重视培养学生的实践技能和能力，以满足工作场所的需要（例如，体育教育中的体育技术课程和体育技术中的运动康复课程）。

人才教育的研究模式以实现理性、学术和知识目标为导向。创新是专业和学术发展进步的代名词，是对未知领域的不断探索；专业是深入研究的代名词，是在体育专业领域的成功；博学是在体育各领域深入的专业知识，是在教学、科研和实践中的扎实能力。基于研究的人才教育方法主要适用于研究生阶段的体育人才教育。人才教育的综合方法是应用型和研究型人才教育的结合，兼顾社会需求和研究方向，适用于以研究和教学为主导的专业体育学校。

（七）办学过程开放化：办学社会化与交流国际化

在高等教育机构多元化、高等教育商业化和国际化的背景下，中国独特的高等体育教育体系存在着一些不足之处。因此，高等院校有必要发掘和完善市场化、国际化的体育教育机构。首先，高等体育院校要面向社会，认识到必须为国家和地区经济发展服务，加强与地方企事业单位的合作与交流，扩大学校活动经费来源；加强与地方科研院所、大学及相关机构的科研和教学合作，提升学校的科研和教学能力。我们还将加强与国家和地方体育机构的合作，加大对体育领域的科技、教育和培训的支持。其次，在国际教育领域，在以往办学成果的基础上，继续扩大海外交流合作的范围和规模，加大学术研讨合作、科研项目合作、体育项目引进、跨国课程、留学生培养等方面的合作，提高高校办学质量，增强国际高等教育竞争力，加快“双一流”建设。

第二章　大学体育教育教学理论

大学体育是学校体育的高级阶段，也是整个人生体育的中间环节，它对巩固和提高中小学阶段体育的成果有重要作用，必须加强和改善体育教育，继续培养学生独立从事体育活动的心态和能力，并创造体育教育的终身价值。本章即针对大学体育教育教学理论进行一定的研究与分析。

第一节　大学体育课程教学理论概述

体育理论教学是体育基础教育和思想品德教育集中教学的重要形式。通过体育与健康教育的教学，使学生掌握各种卫生和预防伤害的方法，学会健康的生活方式；体育与健康教育的基本知识对提高学生的体育锻炼意识，指导科学的体育锻炼，增强终身体育锻炼的态度和技能，发展体育锻炼的文化具有重要作用。

一、高校体育理论课教学中存在的主要问题

（一）传授的知识繁杂

高校体育理论课的内容包括体育的目的、功能、作用和要求，体育与德育、美育的关系，体育知识，竞技体育的技术分析，裁判法等。为了在16个学时内完成课程，教师只能浅显地讲授这些信息，不能有效地讲授学生想深入了解的信息，导致学生对体育理论课的理解出现偏差。

（二）教学时间安排不合理

无法在暴风雨天开设实践课的学校，就在暴风雨天开设理论课，以避免损失课程，这本身是一个合理的解决方案，但本质上是理论课被稀释的实际表现。理论课与暴雨天紧密相连，随着时间的推移，暴雨天组织理论课，或将变成暴雨天不组织理论课，或者没有必要组织理论课。同时，理论课的安

排混乱和教师备课的匆忙极大地影响了教学质量，导致学生失去动力。需要指出的是，这样的计划导致了理论与实践的严重不匹配，违背了理论与实践相结合的原则，没有达到将理论引入实践的目的。

（三）体育理论教师人数少、专业搭配尚不合理

受传统思想的影响，中国的体育教师，特别是受过大学训练的教师很少，而且专业性不强。许多学校甚至没有专门从事体育理论教学的教师。在这种情况下，体育教学的重任就落在了其他教师的肩上。

作为一个不擅长教理论的体育老师，如果他不得不教理论，那就有点困难了。换言之，如果让他们教一些该专业的技术，他们中的大多数人都能做到，而且学生们听得津津有味。但是，如果要求他们走进课堂，向学生传授生理学、一般理论、心理健康、营养学和护理学等学科的理论知识，而他们还没有系统地学习过，甚至没有理解过，恐怕就不会那么灵活和熟练了。这就好比让一个化学老师去教外语或英语课程，他们能轻易做到吗？

当然，他们可以利用备课时间来弥补上述劣势，但在实际教学过程中，由于知识水平和教学水平（包括学历的限制）等方面的限制，大多数艺术类体育教师只能照本宣科，照葫芦画瓢，导致体育理论课缺乏深度和广度。因此，学生听课的积极性不高。

（四）教学形式比较单调

长期以来，体育教师把实践教学视为自己的工作，把大部分时间和精力放在学习技术和技术教学方法上，他们很少接受理论课教学的专门培训，也缺乏理论教学的经验和对理论课教学的研究。就教学方法和设备而言，虽然一些高等院校已经开始尝试大班主讲教师与小班主讲教师相结合的教学方法，并引入电子学习工具，但大多数高等院校仍然采用传统的教学方法和设备，相对枯燥、单调，随意性较大。

（五）考试制度不规范

目前，中国的公立高校对体育理论课的考试主要采用四种方式：闭卷考试、开卷考试、作业和随堂提问。考试分为两种，一种是面向优等生的普通考试，另一种是由课程教师自己组织的考试。考试内容由各学校或课程教师自己决定，各个学校的难度差别很大，甚至同一学校和同一年级的各个班级的难度也不同。最容易的是在课堂上写图和做实验，最难的是连续的闭卷考

试。考试的难度可大可小，考试方法可僵化可灵活，这就使得一些不听课、不认真听讲的学生在考试中得到的分数比一些上课认真听讲、做体育课作业的学生要好得多，这就决定了考试分数对于教学质量来说并不重要。理论课考试制度的不规范，不能准确反映学生在体育理论课上的学习水平，其结果是学生对体育理论课的不重视。

（六）教材使用的随意性较大

一方面，学校在选择理论教材的内容时随意性很大，且过于主观。学校总是认为内容是学习者想知道的，是他们需要知道的。于是将所有未系统化的卫生、健康和营养信息纳入“体育基础知识”，甚至将尚未确定和结构化的信息纳入体育课本体系。例如，当健康成为一个重要问题时，出现了一系列“健康和体育”的教科书，将环境教育、卫生、健康、体育、医学、营养甚至遗传学结合起来。事实上，有些科目是如此抽象、单调和枯燥，以至于学生不愿意听它们。另一方面，体育课程之外还有专门的讲座，所以学生在体育理论课上学习这些内容的积极性不高。

不从学生现实而具体的体育活动实践中寻找科学、合理、系统的教材的支点和可能性，不从学生的实际需要出发，而是一味通过主观和外在的注入，把社会灌输的所有期望和形象强加在体育理论课上，这种做法不仅使学生产生逆反心理，而且导致他们逐渐失去对体育课的积极态度和热情，甚至对体育课不再感兴趣。

二、我国普通高校加强体育理论课程教学的具体要求分析

在学习过程中，学生主要通过间接经验学习，可以有效避免学生面临过多的失败和挫折，在短时间内实现对基本文化科学知识的完全掌握，同时继续了解客观世界，在陌生领域探索新知识。因此，在我国高校的体育理论教学中，为了提高体育教学能力，必须加强对学生经验的间接研究，实现理论知识与实践技能的良好结合，根据实际需要组织好实践训练与单纯学习理论知识的关系，从而使体育教学的最佳效果最大化。

体育的科学研究不是一个简单的活动，而是一个有许多环节的系统工程，只有各个环节相互联系，整个系统才能正常运转。在这个阶段，学生的心理能力已经比较稳定，所以积极引导他们掌握相关的理论知识，可以促进

学生对体育教学有一定程度的掌握。此外，学生的个人素质和气质已经形成，他们能够正确认识理论知识的重要性和体育教育的现实意义。

三、加强体育理论教学在普通高校体育课程中产生的重要作用

积极加强中国普通高校的体育教育理论建设具有重要意义。教学理论可以极大地填补体育教育所需理论知识的空白，也可以有效地促进体育教师专业知识的提高，提高教学成绩。

（一）理论知识学习能够有效提高体育课程的教学质量

现阶段，高校关注体育对学生成绩的影响，主要是因为教师对体育的积极作用没有整体的理论认识，对体育如何提高学生的学习灵活性，从而提高学生的思维和记忆能力没有足够的认识。因此，必须积极整合体育理论教学，使学生全面了解体育活动的益处，有效掌握学习方法。要达到这种教育效果，不仅要开展体育活动，而且要观察和有效处理各项技术运动的特点，一方面提高学生的学习兴趣，另一方面有效提高学习效果。体育理论教学与实践技能教学的积极结合，将大大改善教师队伍的结构，同时使体育课程的教学走向现代化。

（二）理论知识学习能够增强学生的思想品德素养

在体育教学中加强理论教学可以有效培养学生的纪律性和士气。理论教学可以使体育教师在上课时与学生充分交流，创造出更加和谐的气氛和情感。此外，学生在体育教学中执行学习任务时，会全面地表达自己的思想和行为，教师需要积极利用这一机会，合理地表扬或批评学生的想法和行为，从而有效地纠正学生的消极行为。通过理论教学进行德育教育，教师通过自己的思想和行为进行言传身教，对提高学生的体质、身体素质和思想认识有很大帮助。因此，积极加强体育理论教学，并与实践技能教学有效结合，是提高体育教学质量和效果的有效途径。

四、强化高校体育理论课教学的对策

（一）教学内容的选择要突出全面化、终身化

目前其他学科的快速发展影响了高校体育理论课的教学，因此，我国普

通高校体育理论课的教学形式和内容有两种选择：①彻底改变目前的体育教学形式，统一重构体育理论的内容和教学体系；②保持现行教学内容形式的相对稳定，同时积极调整和适度补充，以解决现行理论教学内容与体育教学发展之间的矛盾。从实际出发，我们认为最好选择后者，即在现有的基础上，各学校根据自己的发展水平，灵活选择和拓展适合学校和学生实际发展的教学目标、内容和形式。在教学内容的选择上，既要考虑到大学生的实际情况，拓宽知识面，强调内容的实用性，加强体育的科学性和多功能性的教学，进一步提高学生的体育知识水平，又要强调体育的原理、基础和方法等，为终身体育打好基础。体育的理论内容将以球类运动和健美运动的训练方法、技术理论、竞赛规则和裁判法为基础，相应增加民族传统体育和休闲体育的一般基础知识的介绍。❶

（二）教材选择要从实际出发

大多数高中生和大学生在体育教育方面的知识、技能和能力都很欠缺，尽管他们是青少年，活泼好动，思维敏捷，对很多事情感兴趣，但他们对体育活动的新认识才刚刚开始。此外，大学教学的性质和任务决定了大学体育教学的教材与其他学科的教材不同。因此，教材的选择必须根据高等学校教育目标的特点和学生的实际情况，制定出适应高等学校实际情况的有针对性的课程或教材，即体育理论教材的选择必须科学，强调效率、针对性和时代性，考虑现实，预见生活。

（三）建立一支高水平的师资队伍

《中国教育改革和发展纲要》明确指出，民族复兴的希望在教育，教育复兴的希望在教师。教育改革和发展的基本方案就是要造就一支政治业务素质好、结构合理、相对稳定的教师队伍。高校体育教学改革和体育理论教学质量的提高，需要一支高素质的教师队伍。因此，作为百年以上的高校体育教师，必须注意提高自身素质，不断学习和掌握新知识，提高自己的理论水平和教学方法，才能提高教学质量，培养出高质量的学生。

（四）改变体育理论课考试模式

过去，体育理论仅限于体育教学的目的、功能、健康、测试和评估等问

❶ 常德庆，姜书慧，张磊．高校体育教学与运动训练研究［M］．长春：吉林出版集团股份有限公司，2020.

题，学习范围狭窄，教学目的不明确，阻碍了体育理论在提高学生整体学习质量方面的核心作用。体育理论课考试死记硬背的程度很高，难以激活学生的独立思考能力和创造力。我院采用课内话题讨论和课后草稿练习的双向渠道，鼓励学生在体育活动中进行学习反思，提高认识和情感。我们还尝试了以“体育论文”为形式的体育理论课程，受到了学生的好评。学生们从图书馆书籍、互联网、报纸和广播中收集信息，并就自己的情况和对体育活动的认识写出文章。学生们的视野开阔了，知识也增加了。他们对体育教育的理解达到了整体水平，能够逐步形成终身体育活动所需的基本素质和行为模式。

（五）强化体育教学过程中“学生”主体意识

无论体育教育教学法如何制定，体育教育在现实中的作用仍不明确。因此，意识到体育教育的接受者和教育者之间的关系是体育教育教学中非常必要的一步。对大多数人来说，当体育教育的主体不明确时，就会产生一种重大的功能偏差。学生作为学校的重要组成部分，是学校必要的骨干力量，学生是学习的对象，此由学生的学习和社会的要求决定，而不是由个人决定。体育教员必须认识到这种主体地位，发挥好体育教员的主导作用，而不是全面实施体育教学的直接职能，“以体育教学代替学生的学习和实践，从而剥夺了学生的主体性，使他们从属于体育教员的能力”。体育教育的概念旨在提高学生的身体和心理素质，增加他们对体育活动的兴趣，发展他们的体育活动概念，提高审美意识，丰富个人生活。从这个角度看，体育教师具有指导和监督作用，体育课的基础是教学实践，并不完全取决于体育教师的职责履行。通过逐步改进体育教学方法，可以找到必要的时间和条件，对体育学生给予关注和帮助，从而实现学生和体育教师双方的价值，而不是体育教师盲目教学，学生在两三年的大学体育学习中几乎一无所获，离开学校时对体育和健康的认识，只包括考试的零星记忆。

（六）体育教学科学化限度应落实到微观体育教学过程中

体育教育的科学里程碑不是以口号形式传播的，而是必须由每个体育教师的教学团队真正地在体育教育的微观教学中实施。评价体育训练的强度，用简单的心率监测器测定学生的心率，用 POLAR 表测定一个人在体育训练中的心脏性能。大学生的体能极限将采用乳酸阈值和最大氧容量测量相结合的方法来测量。用举重反射来教授举重反射、右转反射、直线加速反射和旋转反射，以加强学生对运动健身的学习和分析。解释每个学生的运动动作教学阶段，有助于认识运动动作教学在泛化、分化和自动化阶段的具体成果，以便进一步调整个别运动动作教学的时间，帮助教师更好地进行体育教学。

体育教师必须重视理论教学，不断改进和更新教学方法，用生动、具体、形象的语言和广泛的知识揭示自然界和人类社会的运动规律，激发学生学习体育理论的兴趣，以达到预期效果。

第二节　大学体育课程与教学目标

一、体育教学目标的概念界定

体育教学目标是界定体育教育理念的具体体现，是体育教师在组织和开设体育课时的指南，也是评价体育教学质量的依据。体育教育的目标是以具体描述学习结果和学生最终行为的形式来表达的。教师应该在体育课开始前确定他们希望学生达到的学习结果，并以明确的语言表达出来。学习目标的制定是学习计划的一个非常重要的部分，其制定已经成为体育教育实践和研究中的一个共同要求，也是体育教育计划的一个组成部分。体育目标是预先确定的学习结果和标准，是体育学科在特定的学习活动中应该达到的，并且可以用现有的技术手段来衡量。目标的科学制定已成为现代体育教育的一个重要研究课题。

二、21 世纪高校体育课程教学目标的基本特征

（一）科学性

《中共中央国务院关于深化教育改革，全面推进素质教育的决定》指出：学校体育教育要树立健康第一的思想，切实加强体育教育，使学生掌握基本的运动技能，养成经常参加体育锻炼的良好习惯，掌握科学的营养知识。首先，这意味着学校体育教育的目标应主要集中在四个方面，即健康、营养、体能和身心的全面协调发展，而高校体育教育的目标应更注重适应变化的社会和提高人才意识。其次，体育作为一种人类现象，具有多种功能，包括生

物、心理和社会功能。应根据高校的专业和学生构成，考虑学生的心理发展，培养学生的社会适应能力和终身体育的意识，促进学生的心理健康和全面人格的形成。最后，体育教育还应该以培养学生的创造力和个性为目标。体育教育教学要因时因地制宜，注重培养学生的创造力、运动敏感性和兴趣，只有这样才能培养出符合现代发展要求的人才，使中学和大学成为名副其实的人才温床。

（二）具体性

高等院校的体育教学目标应在不同的教育层次和不同的层面上确定，并以明确的目标和具体的方法付诸实施，使学习目标能够有效实现。目标的具体实施，不仅要以提高学生的外部技能为目的，而且要努力实现学生身心的全面协调发展。体育教育的作用不仅要保证学生在校期间的身心健康、技能发展和知识传授，而且要培养学生对体育活动的愿望、兴趣、习惯和能力，为学生终身参与体育活动奠定基础。关注学生的发展很重要，但不能“以学生为中心”。体育教育目标还应该强调不同阶段之间的关系，用来表达目标的语言应该是清晰的、有层次的，这样每个连续的阶段的目标都是循序渐进的，反映了体育课程的目标体系的特点。

（三）整体性

体育教育的目的应该是“以人为本”，将社会、学生和学科有机地结合起来并进行整体协调。体育课程的目标应该根据不同的类别和水平，以整体的方式和分阶段的方式来确定。每个阶段的目标定义应该适应学生本身的体能水平，适应其身心特点，不应脱离实际，而应有一个重点，充分反映每个阶段的特点和目标的相关性。每个阶段的目标定义应该以分层的方式呈现和处理，以反映目标的功能性质。在定义每个目标时应考虑三个方面：技能、意识和情感，以反映目标的整体性。

（四）发展性

高校体育教学的目标不应局限于学校教育中学生身体素质的全面发展，而应使学生自觉参加体育活动，体验运动的乐趣，养成自觉运动的习惯。在横向发展方面，校内和校外的任务应结合起来，形成一个双重的教育体系。对学生本身而言，重要的是充分开发他们的身心潜能，考虑个体差异，关注“以学习者为中心的发展”这一基本理念，自始至终贯彻“终身体育”的理念教育和传达。在纵向发展方面，高校体育教育的目标应与社会发展和学生对社会的适应相联系，使体育教育的目标立足于为社会培养优秀人才。

三、确立体育教学目标的要求

体育教育的目标形成了一个结构合理、层次分明、组织严密的体系。无论是制定一般目标、主要目标、中间目标还是次要目标，都要从整体出发，注意目标体系中纵向和横向的有机关系，特别是要研究各级目标的纵向衔接。

体育教育的目标应该是清晰、明确的，并且在可能的情况下是可以量化的。学习目标应明确规定课程结束时要达到的结果，并以可观察、可测量和具体的量化指标来描述。这将有助于加强体育教育的规划，为体育教育的实施，特别是监测和评估提供依据。

体育教育的目的必须是灵活的。体育教育的目的受到许多因素的影响，其中许多因素在不断变化。因此，保持体育教育目标的一致性是相对的，制定和修改体育教育目标是绝对的。这就要求我们在制定体育教育目标时，必须保持一定的灵活性，以便根据实际情况进行必要的修改或调整。

四、确立体育教学目标的原则

（一）科学性原则

体育学习目标的科学性意味着它必须适应不同阶段学生的身心发展特点，有效促进学生的成长和发展。一个科学的体育学习目标体系有四个方面：

第一，必须是全面的，即包括认知、情感、身体技能、体能和健康素质等诸多方面的目标。

第二，必须结合学习材料的特点，突出重点和难点。

第三，必须准确有效。

第四，应该具有适度的复杂性，计划的目标应该是大多数学生只要付出必要的努力就能实现的。

（二）灵活性原则

尽管体育教育的目标是为大多数学生设计的，但由于学生有不同的身体素质和能力，有必要在确定任务时表现出一定程度的灵活性。因此，教师应尽可能地提供具有不同难度的材料，以便每个学生根据自己的实际能力达到合适的水平。

（三）整体性原则

在体育课上，教学目标与单元目标、课时目标相联系。在制定课堂教学目标时，要了解学校的学习目标和体育教学计划的目标，从整体出发，充分考虑学校学习目标和体育教学计划的一般要求，并注意一般与具体的关系。

（四）可测评性原则

体育教育目标需要用更科学、更精确的逻辑语言来描述，而这些描述往往更抽象，评价标准更难界定。在实践中，这意味着为体育教育设定的目标不能用笼统而模糊的语言来描述，必须有具体的量化指标，并能通过具体的内容和方法进行更客观的评估和验证。

（五）长期目标与短期目标相结合原则

长期目标应与短期目标相联系。长期目标应该被分解成短期子目标，这些子目标一旦实现，自然会增加实现长期目标的可能性。研究结果表明，将长期目标与短期目标结合起来是有意义的，因为短期目标给学生带来希望和学习的动力，而长期目标则给学生带来距离感，使用长期目标会降低学生的学习兴趣。

五、高校体育教学目标改革的构想

（一）提出教学目标改革的依据

1. 社会对人才素质的需求

在今天和明天的社会中，高等教育的作用是为社会培养新的技能型人才。现代社会所需要的技能型人才的基本标准是：掌握专业知识和学科方法，有能力将科学知识同实际生活和其他学科结合起来，并具有良好的个人素质。因此，这三个基本标准是为了培养基础扎实、知识面广、技能多、素质高、德智体全面发展、完全适应21世纪需要的社会主义建设者和支持者。高校体育教学目标的制定应符合高校的总体教育目标，应尊重体育学科的特殊性和规律，应重视体育知识和技能的培养，注重学生的身心素质和个性特征，使德、智、美的教育与体育教育相结合，促进学生身心全面发展。

2. 体现全民健身与终身体育的需要

学校体育旨在加强智力体育的基础，以形成终身体育的意识，而高校作为学校体育产业链的最后一环，直接与社会挂钩，发挥着关键作用。充分利用学生体育的诸多优势，培养全民健身的组织者和指导者，为学生的体育和全民健身终身服务，这些都是学生体育必须完成的使命和目标。因此，通过开展大学生体育，培养学生的体育意识、兴趣、习惯和技能，可以实现学校体育与社会体育的衔接，改变学生在体育机构中辍学的现象。可以说，把高校的注意力集中在培养大学生终身体育的基本素质上，是21世纪大学体育所追求的重要目标。

3. 满足大学生身心的需要

在大学阶段，学生身体的正常发育基本完成，身体素质也达到了顶峰。年轻的大学生精力充沛，有从事体育运动的有利条件，是体能、身体素质和强健体魄全面发展的最佳时期。这一时期学生的心理发展也趋于成熟，他们热衷于参加体育活动和运动。大学生对体育的生理和心理需求变得更加多样和理性，今天的大学生已不单纯注重体能和力量，而是更加注重健身、休闲、交往、竞争和提高体育素养。因此，大学体育教学目标的设计和确定，必须以大学生的生理和心理特点为基础，顺应大学生的生理和心理需求。

4. 体育功能与教学目标的密切关系

大学体育的使命是对学校体育特点的回应，大学体育的使命和学校教育的目标在逻辑上是相通的。目标的界定必须与体育的使命紧密相连，必须适应大学生一生的成长、现实和需要。应该注意的是，只有在有活动的情况下才能实现目标；没有活动就没有目标。学校体育中的许多活动本质上是实现目标的工具。只有基于体育活动的大学体育教育目标才有实现的基础和潜力。显然，大学体育教育目标的选择必须考虑到体育活动与教育目标之间的关系，以及对适当活动的全面开发和利用。

（二）高校体育教学目标的构建内容

1. 提高大学生的体育文化素养与培养大学生的体育能力

体育文化主要包括体育哲学知识、体育社会学知识、体育美学知识、体育心理学知识、体育卫生知识、体育健康知识和体育评价知识等。

2. 培养大学生体育的认识水平与技能水平

体育意识是对体育比较完整的认识，包括信息、内容、活动和方法。大学生的体育意识越完整、越深刻，越容易转化为体育行为，可以说，意识是实践行为的基础。

运动技能是通过练习某项运动而获得的本领和能力。它是在对某项运动的深入了解和掌握适当运动技术的基础上从事某项运动的能力。换句话说，它是体育经验和兴趣的行为表现，导致有意识地参与体育运动。在这种情况下，体育技能是正确执行体育行为和实现目标的重要因素和先决条件。

3. 增强大学生的体质和健康水平

健身和促进健康的具体目标是改善大学生的总体身体状况，以提高他们的生理功能，增强他们的体质和身体素质，提高身体防御能力和抗病能力，并提高其对环境的适应能力。

4. 健全大学生的人格品质

除体育教育外，高校体育教育的目的还包括对大学生个人素质的全面培养：德育、智育、美育和心育。德育的主要目的是培养学生良好的道德品质，使他们具有爱国、责任、合作、守法、诚实、公正、文明、礼貌的意识；智育的目的是发展学生的智力素质，培养学生的创新精神和能力；美育的目的是培养学生的审美意识，丰富学生的审美体验，使他们具有创造美的能力；心育的目的是培养学生良好的心理素质，使他们具有幽默感，懂得宽容和尊重他人。

以上提出的体育教学目标，消除了以往教学目标缺乏科学依据、主观色彩浓厚的不正常现象，而构建的目标是在坚持原则和标准、了解研究方法和客观策略的基础上，提出符合现代体育教育特点的高校体育教学目标，使其更加科学、贴切、全面、合理、创新。

六、构建面向 21 世纪高校体育课程教学目标体系的基本框架

（一）按照社会对学生的体育要求构建教学目标

根据现代课程理论，课程的本质是满足学习者的需要，这一思想对体育课程的改革起着重要的指导作用。需求产生动力，动力导致行为。不能满足学生需求的体育教育是没有生命力的，也不能激发学生学习和参与体育活动

的动力。教育目标的制定必须使学生的个人需要与国家和社会对体育的要求协调一致，不能用学生的个人需要来排斥国家和社会对体育的要求，不能把国家和社会对体育的要求看作“计划经济的产物”，是“压制个人主义”的严重偏见。片面地关注学生的个人需求既不可取也不现实。虽然学生是体育教育的主要对象，但他们是不成熟的、发展中的主体。学生并不总是对自己的体育需求有充分和透彻的了解，也不总是把自己的实际体育需求和长期的体育需求联系起来，把个人的体育需求和国家、社会的体育需求联系起来。

学生的体育需求主要体现在他们对学习内容和体育活动的选择上。大多数学生主要根据个人兴趣选择体育教学和内容，一般倾向于选择有趣和轻松的体育活动。而大多数学生不喜欢比较单调的内容，需要自愿付出一些努力，但对促进身心发展和实现课程目标特别有效，如田径和体操。因此，不能片面地优先考虑学生的个人需求，而忽略了国家和社会对体育的要求。因此，必须通过体育课程科学合理的教学目标来提高学生学习体育的积极性和体育价值观，并积极努力改革教学方法，以唤起学生对学习和实践体育的兴趣。这支撑着高校体育课程的教学目标和体育教学的责任。

（二）强调学生快乐情感的体验

新的课程理念强调要让每个学生都有机会体验到学习和成就的乐趣，尤其要关注学生对体育的兴趣。只有激发和支持学生对体育的兴趣，才能促使他们自觉和主动地参与，这是实现体育课程目标和价值的有效保证。然而，这不应该被片面地理解为体育课应该让学生玩得开心。只要学生玩得开心，喜欢上课，就是一堂好课，这完全违背了体育课程的理念，忽略了学生需要努力提高自己的思想水平。

学生在学习和实践中体验到成功和快乐，这对高等院校的体育教学很重要，也很基本，但这只是高等院校体育教学的一部分。仅仅丰富学生的情感是不够的，仅仅体验情感上的快乐也是不够的。事实上，在大学体育中，快乐与艰辛、主动与被动、领先与落后、优势与劣势、成功与失败总是相互促进、相互补充的，不存在绝对的快乐。教学目标必须充分反映体育教育的这一独特方面。

（三）强调体育能力的培养

过去，体育课往往更注重运动技能的获得，而对学生身体能力的发展关注不够。高质量的教学和现代教学思想要求学生“学会学习”和“学会身体健康”。因此，体育课程的进一步改革强调“为学生的终身体育教育打下基础”，要求培养学生独立科学的体育活动能力。然而，课程的目标应该避免在研究运动技能和发展学生的体育技能之间的任何分裂或对立，应避免以下倾向：①过分强调加强体育与健康理论知识的教学，并得出“体育教育应转变为健康教育”的结论；②为了培养学生独立从事体育活动的能力，体育教育片面强调“使学生能够自己确定目标、选择内容和独立从事体育活动”，对运动技能的教学没有基本的要求和标准，这基本上是一种放任自流的做法。③体育教育改革应经历三个转变：

第一，从“以学为主”转变为“以教为主”。

第二，从“强调运动技能的获得”转变为“强调身体技能的发展”。

第三，从“强调技能的获得”转变为“强调情感体验”。这就造成了一种错误的、不科学的想法，即学生对体育知识和技能的掌握并不是体育教育中最重要的问题，而希望得到的结果是学习的体验。

虽然发展学生的体育技能很重要，但体育技能不仅仅是空中的旗帜，它们需要有运动技能的支撑。没有运动技能，体育技能的发展就成了无源之水、无本之木。一个没有运动技能的人有什么体育技能？因为一个没有运动技能的人不知道该做什么，更不知道如何去做。这就是为什么《国家体育课程》指出：“学生应接受终身体育教育，培养他们的体育意识、技能和习惯”。体育活动和健康课程还强调，体育活动知识和技能是课程的关键内容。没有运动技能，体育文化就成了一句空话。大学体育课程的学习目标不能空洞化、简单化或庸俗化，这一点比以前更加重要。

（四）强调对体育学习过程的评价

传统的体育教育学习评估主要是基于学生的学习结果，忽视了对学生学习过程的评估，因此不利于学生的学习动机和健康发展。新的评估方案旨在摆脱强调终结性评估而忽视过程性评估的局面，加强评估对学习动机和发展的影响。它的目的是既要评估终结性评估，又要评估学习和进步的过程。然而，重要的是，学习目标不能从一个极端走向另一个极端，重要的不是学习者“学到什么”，而是他们“能学到什么”。对学习的评估是非常有用的，如果不把重点放在评估学习结果上，人们可能会怀疑体育课程的方向以及它对学生学习体育的影响是什么。动机的作用是什么？这个问题需要在大学体育课程的学习目标中得到解决。

体育课程的学习目标应着重于体育的学习过程和结果。课程的目的是实现体育教育和体育课程的总体目标，为培养社会上的优秀人才做出实际贡献。

（五）强调学生的个体差异

传统的教育思想以教师和课本为中心，忽视了学生之间的个体差异，用同样的标准、内容、方法和节奏来对待截然不同的学生，严重降低了学生的学习积极性。根据现代教学思想，学生是学习和发展的中心，学校课程应以学生发展为中心。为此，新的课程理念强调要肯定学习者在课程学习中的主要作用。这主要体现在两个方面：

第一，课程教育应设法满足学习者的个人发展需要。

第二，课程教育应特别关注学习者的个体差异，使每个学习者都能受益。

学生的个体差异代表了学生群体的客观存在。只有在课程中充分关注学生的个体差异，在能力和差异化的基础上有效地加强学生的学习，才能确保每个学生都受益。

第三节　大学体育教学价值观与目标思考

价值观是一个人对周围客观事物（包括人、事、物）的意义和重要性的总体评价和认识，是关于什么是好的或坏的、美的或丑的、成功的或不成功的、高贵的或卑微的、富有的或贫穷的、正确的或错误的基本价值体系，是关于什么应该支持、抵制、鼓励、防止和尊重的价值体系。价值观在社会化的过程中形成，并通过知识和生活经验逐步建立起来。家庭和学校在价值观的形成中起着关键作用，但社会环境也起着非常重要的作用。

一、当前价值观教育存在的主要问题

目前的情况表明，尽管社会上越来越多的团体和公众对价值观教育越来越重视，但仍然存在某些问题，主要与以下问题有关。

（1）学校的价值观教育是学校德育的关键内容，是整个价值观教育体系中最重要的部分，也是决定价值观教育能否有效进行的重要因素。作为一个

有重点、有组织的系统，学校的价值观教育在塑造年轻一代的良好价值观方面起着非常重要的作用，在塑造整个社会的主流价值观方面也起着重要作用。因此，学校德育工作和整个教育工作的质量直接取决于青年学生能否形成正确的价值观，而中国社会主义现代化建设的成败和民族的兴衰也直接取决于此。

尽管当前价值观教育已经取得了一些成果，但总体上还存在许多问题，特别是缺乏重视，没有系统的方法，没有达到令人满意的实际效果。在纵向的教育体系中，从学前教育、小学、中学、大学到研究生教育，除了政治教育的基本结构部分外，思想政治教育或多或少忽视了公民教育、规则教育、礼仪教育、人际关系教育、正义和胜利教育和日常生活中的实践智慧教育等。尤其令人担忧的是，虽然小学阶段和中学阶段都开设了德育课程，作为毕业环节的一部分，但由于这些课程对学校毕业环节的“考试分数”贡献不大，教师和学生对这些课程并不重视，因此，教学效果不佳。对于其他课程，教师在校内和校外考试的压力下，几乎完全专注于传授书本知识、解决问题的技能和竞争力，而忽视了他们的“教育”作用，而学生则更关心自己在考试成绩和竞赛方面的未来和终生命运，使得这些课程很难取得“成就效应”。

（2）家庭教育在教育孩子如何做人方面起着重要作用，但许多家庭有缺点或偏见。父母是孩子的第一任教育者，应该成为孩子的道德教育者和榜样。父母的言行深刻地影响着孩子的生活，在家庭教育过程中形成的习惯很大程度上决定了孩子的发展方向和人生目标。在现代中国社会，父母越来越重视孩子的智力教育。但是，受传统文化背景和社会环境，以及父母的道德标准、知识水平、性格特点和信息来源等因素的影响，许多孩子在家里没有得到全面系统的道德教育和生活态度的知识教育。许多家长甚至错误地认为，为孩子提供充足的物质资源就是家长的责任，但他们应该关注知识的获得、技能的发展和孩子的进一步教育目标。一些家长通过自己的言行向孩子灌输错误的价值观，与学校倡导的德、智、体、美全面发展的价值观相违背。

（3）社会需要价值教育，但往往不健全。改革开放后中国社会心理变化的主要趋势和特点是：在价值取向上，从理想导向到现实导向，从承诺导向到利益导向，从集体主义到个性主义；在社会心态上，从封闭到开放，从情感主义到理性主义，从单一性到多样性。在这个渐变的过程中，社会的可持续健康运行需要法律法规、公共道德、民主管理、舆论控制等力量来随时保持社会价值的稳定。遗憾的是，由于社会运行机制始终不健全，社会治理要么空洞无序，要么停滞不前，要么无所适从。在这种情况下，社会价值观的培育就更加薄弱，这就导致了社会缺乏凝聚力，社会正义感下降，腐败和心理问题患者不断增加。现代教育已经变得更加开放，社会价值观非常迅速地传递给学生，影响他们的思想和行为。社会教育的作用是使人们社会化，使他们尊重秩序，有能力适应社会，但目前，社会教育给学生带来了太多的消极因素。

二、学校体育目的

（一）体育目的

体育的目的是提高身体素质，促进健康发展，改善人们的生活方式，提高生活质量，促进社会文明的发展。作为文化和教育的一部分，体育的最终目的是为了满足人们的文化和健康需求。体育的目的是一个概念性的问题，是思想的产物。这种思考过程并不像“镜子反映物体”那样简单和直观，它必须以个人兴趣和需求为基础，在选择和权衡中反映不同的价值观。体育必须具有前瞻性，注重预期表现。体育目标是体育活动的出发点和基础，是体育活动的目标。它为体育活动设定了方向，以达到最佳的表现。

（二）学校体育目的

学校体育的目的是提高学生的身体素质，发展学生的运动技能，培养学生良好的思想道德品质和亲和力，帮助学生成为社会主义建设者和德智体美劳全面发展的倡导者。这是学校体育的定位，是改革和发展的出发点，是所有学校体育的出发点和目标。营养、生活方式、环境、遗传、运动训练和体育教育是提高身体素质和运动成绩的关键因素。道德品质主要受学校风气、教师对学术学习的态度、教学风格、课堂气氛以及其他影响学生思想、信仰和价值观的隐形课程的影响。学校体育的目的不是一成不变的，而是随着实践、理论的完善和社会的发展而不断发展的。学校体育的目的是通过体育教学提高学生的运动技能，增强学生体质，调整体育活动，从而改善学生身体状况，塑造个人素质和毅力，培养体育意识、兴趣、习惯和能力。

三、学校体育价值观

（一）体育价值观

对体育的认识是个人或社会对体育存在的意义和价值的理解方式。这种对意义和价值的认识决定了体育的取向。在这个意义上，体育的价值是体育认知的核心。体育的价值是体育满足人类需求的一种关系属性。一个人或社会的体育价值观与其或社会的体育目的和生活方式有很多共同之处。体育价值观可以从两个层面来理解。一是对体育一般价值的认识，重点是对体育价值或耻辱的不同看法；二是对体育价值的具体选择。

（二）学校体育价值观

学校体育的价值和目的与学校工作人员及教师的生活方式密切相关。首先，学校对体育整体价值的认识，主要是对学校体育价值的不同看法。考虑到体育的各种功能，大多数学校把体育看作促进学生全面发展的重要手段和大学思想文化建设的重要窗口，因此，学校加倍努力开展体育活动，重视体育的发展。其次，学校在体育作为社会客体的背景下对体育主体进行评价，根据自身对体育的保护和发展的需要确定体育客体的价值。价值预期是表达的意图或趋势，学校体育的目标不同，体育的价值预期也不同。

（三）学校体育价值取向

体育价值观大约有三种类型：①以社会为导向的价值观（工具主义）；②以人为本的价值观（本体论）；③双重的人文和社会导向的价值观。学校体育正逐渐成为学校的一种有效的教育工具。同时，人们也越来越认识到体育对人类发展的多方面价值。学校体育的价值取向是由我国社会主义教育的目标决定的。我国社会主义教育的目标是培养德、智、体、美全面发展的社会主义事业的建设者和接班人。体育教育是教育的重要组成部分，是实现素质教育的重要手段。我国学校体育教育的目的是：增强学生的身心健康；提高运动技能；提升文化修养；完善继续体育教育的内容。因此，我国学校体育教育的价值取向与学校体育教育的目标密切相关，都围绕着学生的全面发展和学校精神文化的形成。

学校体育最直接和最重要的价值是促进正常的身体发育和改善体质。一方面，通过参加教师带领的体育活动，学生可以改善他们的身体状况，从而获得更好的身体训练，提高身体素质和身体机能。另一方面，练习体育对个人的情绪和各种心理体验也有影响，在和谐、平等、友好的体育和社会环境中，有不同的复杂情绪体验。如在失败和克服困难时，以及在参与体育教学和与同伴联合竞赛时，它能培养学生的自尊心和自信心，从而塑造学生积极、乐观、愉悦的生活态度，改善心理健康。

学校体育使学生通过学习活动获得功能性知识、基于能力的知识和关于体育的理论知识。通过学习，学生可以获得身体健康和终身体育活动所需的运动技能、体育和健康知识以及科学的体育活动方法、正确的体育和健康观念、安全运动的能力以及使用体育和健康资源、信息和产品的能力。

体育是人们社交的一种重要方式，是与他人、团体互动的重要方式。现代社会的发展拓宽了社会交往的范围。通过学习体育的游戏和规则，学生们获得了社会适应能力，了解了个人和集体、团体和社会的关系，并培养了团队合作和竞争精神。学校体育培养了学生在体育教学、体育训练、体育活动和体育竞赛中的参与意识和竞争意识，并进一步促进了学生的团队合作意识和团队精神，从而提高其社会适应能力。

体育训练和比赛是一个不断面对失败和克服逆境的过程。在这个过程中，学生反复体验失望和困难，从而提高抵御失望的能力，调节情绪，培养意志力；通过克服困难，不断进步，学会体验进步和成功的喜悦，培养勇敢顽强的意志力和乐观愉悦的生活态度。体育竞赛以透明、公平和公正的原则为基础。通过体育竞赛，学生和教师培养了“不惧怕竞争和胜利”“光明磊落、无私奉献、心胸开阔”等良好的体育精神品质。

通过长期训练和体育活动的体验，学生们不仅获得对身体、体育活动和健康的正确认识，增强了自主意识，而且逐渐形成了健康的行为和生活方式，以及对终身体育知识的理解。学校体育是终身体育活动的基础，对体育活动的兴趣和习惯是培养学生自主学习和参与终身体育活动的前提条件。学生的学习兴趣对行为和学习效果有直接影响。兴趣在通过对体育活动和健康知识的掌握来塑造学生的体育活动习惯方面起着非常重要的作用。因此，激发和保持学生对体育的兴趣，让他们以自觉、主动和积极的方式参与体育活动，是形成良好的体育意识和参与终生体育的关键。

四、高校体育教学融入社会主义核心价值观研究

中国社会主义市场经济的发展，推动了中国体育教育的产业化进程，高校体育教育工作也因此更加贴近生活、贴近实际。以社会主义核心价值观作为高校体育工作的指导思想，是在新的历史背景下运用中国化的马克思主义解决高校体育工作实际问题的现实选择。体育作为一种实践活动，对一个人的世界观和思想道德素质的形成有着重要的影响。目前，中国高校的体育教育以评价运动能力和身体素质为主，而不是研究体育精神的培养，这不利于学生运动员的心理成熟。因此，科学地探讨社会主义核心价值观与高校体育教育的关系，在体育教育中培育和践行社会主义核心价值观，用社会主义核心价值观促进体育教育的全面发展和大学生的心理成熟发展，具有重要意义。

（一）将社会主义核心价值观融入体育教学引导学生精神成人

1. 将社会主义核心价值观融入体育教学环节有利于丰富学生的精神世界

社会主义核心价值观以最简单、最直接、最有效的语言展现了和谐社会发展的基本精神文化理念，强调了中华文明的核心，弘扬了中华民族的传统美德。高校体育教学以社会主义核心价值观为基础，把社会主义核心价值观融入体育教学的各个环节，帮助学生在学习和生活中获得正确的价值观、正确的人生观和世界观，使他们能够以社会主义核心价值观为行动指南，规范自己的行为，丰富自己的精神世界，树立远大理想，茁壮成长，使他们准备成为社会主义事业的娴熟的建设者和延续者。特别是培养体育生的社会主义核心价值观，可以帮助他们提高体育竞技水平，培养符合德智体美全面发展要求的体育精神，从而达到提高体育生综合素质的目的。高等学校把培育和践行社会主义基本价值观作为公民应遵循的基本道德规范，作为指导社会和集体发展进步的思想动力，使高校学生在正确的价值标准和道德规范的基础上，自发地提高思想认识，并转化为实际行为。

2. 将社会主义核心价值观融入体育教学环节有利于学生优化价值结构

大学生的年龄在 18~23 岁，是青年人价值观形成的重要时期，学生的心理素质和道德观念还不是很成熟。将社会主义基本价值观融入体育教学，让学生从内部和外部感知社会主义基本价值观，有助于体育生提高道德素质。体育教师要积累实践经验，研究和寻找合理有效的教学方法，提高教学效

率，将社会主义基本价值观有效地融入体育课堂，在提升大学生专业技能的同时，倡导健康的价值观，为学生的学习和成长提供更加明确的价值取向，以保证学生自身结构的优化。在体育教学的各个环节中，高校应以社会主义核心价值观为指导思想，帮助学生理解社会主义核心价值观的基本内容和概念，通过学习民主意识促进学生对自身权利的认同。大学生通过学习自由理念，加深对公平正义的理解；通过学习法治理念，增强运用法律维护自身权益的意识；通过学习爱国敬业思想，增强自身的爱国意识和敬业精神；通过学习诚信善良，保持公正积极的生活态度。

3. 将社会主义核心价值观融入体育教学环节有利于完善高校体育思想政治认知体系

在高校体育教育中弘扬和践行社会主义价值观，对于完善高校体育教育的思想政治认知体系，强化学生的思想层面具有重要的现实意义。“富强、民主、文明、和谐”可以提高学生对体育教育的爱国意识、民主意识、文明规范意识、和谐意识；“自由、平等、公正、法治”可以提高学生对自由、平等、公正、法治价值观的认识，使体育教育学生准确看待自己，了解自己在社会生活和发展中的价值；“爱国、敬业、诚信、友善”使学生更好地理解自由、平等、公正、法治的价值观，使学生准确看待自己，了解自己在社会生活和发展中的价值。大学通过培养学生的爱国主义和奉献精神，提高教育质量，不仅可以使学生在竞争环境中遵循诚信和友谊的基本准则，而且可以在体育教育中更快、更有效地推广社会主义核心价值观。在大学层面建立完善的体育信息系统，可以提高运动员自身的士气，优化体育教育的效果，提高运动员的整体思想政治水平，实现运动员的全面发展。

4. 将社会主义核心价值观融入体育教学环节有利于学生道德素养和体育素养的提高

高校的体育教育具有很强的专业性，学生注重提高自己的运动素质，如反应能力、灵敏度、跳跃能力、耐力和爆发力。随着中国社会的发展，高校体育教育的目标不再是单纯注重传统体育技能，而要双重发展。双重发展指提高学生的体育技能，包括道德和身体，以提高学生的整体体育技能。双重发展可以让学生更好地理解体育精神的深层含义和体育在高等教育中的支撑作用。随着高校体育教育的深入开展，体育教育的德育重点也将得到加强，我国构建和谐社会的发展方向将更加明确。

（二）高校体育教学融入社会主义核心价值观的策略

1. 通过榜样带动体育大学生整体提高精神境界，树立正确的价值观

在高等学校的体育教学活动中，教师要发挥模范带头作用，从自身做起，自觉把社会主义核心价值观融入教学和生活，引导和教育学生。对学生来说，教师不仅是知识的传授者，也是同甘共苦的好朋友。因此，教师必须将社会主义核心价值观有效地融入高校的体育教学中，使社会主义核心价值观落到实处，使学生感到教师将社会主义核心价值观落到实处，感到社会主义核心价值观是所有社会公民应该尊重的基本价值观。这就拉近了学生与老师的距离，产生了良好的学习效果。不仅教师应该成为榜样，学生也可以成为榜样。高校可以组织颁奖仪式，表彰体育专业的最佳榜样和先进学生，对生活中帮助同学的学生、在赛场上积极帮助和配合的学生表示祝贺，让他们的优秀表现为所有学生运动员所知，引导他们在平时提高精神生活，树立正确的价值观和学习观念。

2. 在弘扬体育精神中培育践行社会主义核心价值观

大学应在提高学生运动员道德学习能力的基础上，积极倡导体育精神，让体育精神在教育过程中激发学生的进步。例如，可以通过火来向学生传授奥林匹克运动的历史。在希腊神话中，奥林匹斯山是众神的家园，他们保持着火的燃烧，而凡人只能生活在地球的黑暗中。宙斯惩罚普罗米修斯，把他锁在高加索山脉中，他在那里受到秃鹰的折磨，秃鹰吃掉了他的心和肝。尽管普罗米修斯自己没有安全感，却给人类带来了火种，代表了为共同利益而自我牺牲的精神。他为了人类的幸福和光明牺牲了自己，为人类带来了火种，这是对人类的巨大贡献。教师可以举出例子，让更多的体育生发现传递奥运圣火的真正意义和价值。火炬不是名人或政要的面孔，而是敢于冒险的精神、探索的勇气、对未来的渴望、全人类的希望、对光明的永恒执着。在准备体育课时，教师要认真探索，拓宽知识面，用真实的故事和案例鼓励学生，在学习过程中亲身体验社会主义核心价值观所强调的精神细微差别。

3. 在社会实践中培育践行社会主义核心价值观

学校要用社会主义核心价值观引导学生运动员走向精神成熟，定期组织学生到敬老院、孤儿院等机构进行公益劳动，奉献自己的一份爱心，让他们在实践活动中感受到与人为善、助人为乐的快乐，从而不断丰富自己的精神世界，提升道德境界。

五、体育价值观的培养应适应 21 世纪社会对人才的要求

体育价值观是人们对体育作为一种社会现象的存在和发展的认识和看法。由于多元化市场经济的负面影响，高校的体育价值观往往倾向于功利化。21 世纪对人才的需求是全面发展的个人，即具有广泛的知识基础，通过创新设计具有较强的行动能力，具有较高的综合素质和创造力，并能以健康的身体生活的社会成员。了解社会和人类发展的需要对大学体育中个人的全面发展起着重要作用，因此，创造良好的体育价值观是大学价值观教育改革的主要任务。

体育价值观的培养首先必须以培养学生对体育价值的认识为目标。首先，对体育价值的认识源于内部冲动：由于个人本身就是一个完整的有机系统，是全球整体系统的一部分，因此对体育价值的认识不是一种独立的感觉，与外部世界隔绝，而是来自内部和外部世界的交汇。除了基于身体健康的内在生存动机外，对体育价值的认知还与各种内在动机直接相关，如人的需求和保持身心平衡的倾向。对体育作为一种活动的价值认知与自我的目标相一致，这种一致是唯一合理的。人类的认知是以自己的生存和发展为内部导向的，尤其是以与自己生存和发展密切相关的现实客观因素为导向。对于一个以减肥为目的的人来说，运动的形式本身是没有价值的；他们并不期待与做一般运动的人有同样的结果，即使他们对具体的活动同样认真。减肥是运动的目标，当减肥的结果变得明显时，他就会感到满意，运动对他来说就有价值。否则，就很难保持运动的习惯。其次，运动经历是自我认知的来源：价值观的认知需要内在动机作为基础，而运动经历是后续来源。经过训练，体育价值观形成了相对稳定的认知模式和强烈的刻板印象，但这种刻板印象只是一种动态平衡，因为人们的身心力量和认知都在努力克服原有的刻板印象。例如，如果一个人为了健康而从事体育活动，随着健康状况的改善，他们不会满足于最初的舒适程度，而是需要其他形式的锻炼或更大的努力来提高整体体能。所以，作为现实的主体，个人不断意识到世界，作为某些经验的功能，有意识或无意识地改变和创造世界。这种经验是在与外部世

界的联系和赋予其意义的过程中逐渐形成的。这种经验一旦形成，不仅储存在人的内在精神世界中，而且也储存在社会和文化结构中，它在遗传上被固定和传播，并通过历史联系和社会互动，能够在社会成员中传播和渗透，被每个社会成员接受和同化，从而成为支撑精神世界的动力。

对体育价值的认识源于人们为自己设定外部和过渡性的目标。例如，如果有人只是为了通过体育考试而参与体育活动，这个阶段可以说是兴趣培养阶段。实现目标的过程需要加入许多感知价值的成分，如情感，才能完成这一过程，否则就只能半途而废。如果考试通过了，并且对体育活动感到满意和享受，就会形成一种主导的行为倾向，兴趣就会形成，体育也就有了完整的意义。

当兴趣的积累达到一定限度时，就会达到更高的身体能力水平。这时，这种意识既不是基于有限现实的盲目和非理性的本能行为，也不是以消逝的目标为目的并认为是终极的行为。无条件的行为是基于真实的存在，基于对生命本质的真正理解，它由片刻的反省组成，它不会因为运动不能满足其一时的欲望而改变其行为。每个过程都是其结果，都是其实现，每个运动的片刻都是对其有意义的过程。

每一种价值都通过对另一种价值的否定得到加强。当一个人接受了价值理论，他并不知道绝对的真理，但他可以用它来发现什么对他有价值，什么没有价值。当他知道什么是正确的，什么是有价值的，他就明白他应该以什么为目标，应该避免什么，从而控制自己的行为方向。

在21世纪，社会需要一个全面发展的人，这对知识、创新、综合素质和身体素质提出了很高的要求，而体育教育在一个人能力的全面发展中起着独特的作用。因此，重要的是让学生明白，这一领域的能力对他们发展体育价值观是有用的、有价值的。

第四节　大学体育教学内容体系的构建

随着中国教育的发展，各大高校出现了许多不同的学习课程。不同专业的特点和教育目标也对不同人才提出了不同的身体要求。这些不同的需求要求体育教师对不同年龄、不同能力的学生进行体育教育，使学生能够从体育课中受益，体育课能够更好地发挥培养人才的作用。特别是在今天的大学里，推进素质教育改革需要有新的教学思想，需要有与教学内容相适应的优化体系。

一、体育教学内容及体系的概述

（一）体育教学内容定义阐述

体育教育的内容分为两个方面：广义和狭义。广义的体育教育包括三个方面：成长、教育和发展。这三个方面构成了广义上的体育教育的内容。从狭义上讲，体育教育本质上是教师根据学生的不同特点对课程的选择。换言之，教师是在根据体育课程材料和学生专业发展需要而创造的整体学习环境中选择和实施体育课程。体育教育的广义和狭义概念意味着，教师指导和传授的技能从学生的内部心理状态到外部个人身体发展。

（二）体育教学体系的阐述

体育教育系统由四个部分组成：学生、教师、学习内容和教学环境。四个组成部分中，学生、教师和教学环境最稳定，学习内容例外，它相对灵活，不稳定。学习内容是教师根据学习者的需要、自身能力和学习环境确定的，而学习目标如果对学习者的未来发展有帮助，实现了学习目标，就为教师提供了多种学习方法和环境。体育教育是学生最重要的活动之一，可以改善他们的身体状况，提高士气和意志力。在当今社会，学生在学习期间承受着巨大的压力，体育教育可以改善学生的心理和生理压力，促进身心健康。因此，体育教师需要在学习目标的制定、选课和教学方面多加考虑。

二、当前我国高校教学中内容体系存在的问题

（一）竞争性较强

当今社会竞争激烈，这种竞争给学生带来压力和动力。然而，在体育课上，我们经常要学习，我们不仅要有竞争力，更重要的是要从对手那里学习我们没有的东西。在今天的许多学校里，体育课的竞争非常激烈，甚至连武术等传统运动也被用来竞争。虽然这可能会在一定程度上激励一些学生进行训练，但却会使大多数人望而却步。这种教学方法是为了衡量结果，而不是为了提高学生体能，很可能导致学生之间的误解和冲突。因此，在制定目标

和教学方法时，一定要从实际情况出发，让学生更多地参与进来，减少不定期的竞争，使学生对一般的体育课更感兴趣，养成良好的体育习惯。

（二）体育课堂教学内容比较狭隘

尽管现代社会对体育越来越重视，但体育课所涉及的领域仍然局限于理论、技能和比赛等单一的专业方面。再加上体育课内容的评估方式相对单一，强调其独特性以达到评估目的，结果是体育课的内容相对狭窄，不容易激发学生的独立性和学习兴趣。

（三）体育教学方式比较单一

目前，中国体育课上展示的项目大多来自竞技体育，教师在教学过程中只是简单地讲解和示范动作。因此，体育教学方法相当单调且有些过时，导致学生对体育项目缺乏兴趣。

总的来说，现代社会的体育教学内容体系和理论教材具有很强的竞争性和落后性，因此，体育教学的内容很大程度上是模仿竞技体育。要优化和完善体育教学内容，就必须进行改革。目前，由于时代的进步和发展，改革中国的体育教育内容和课程体系已成为当务之急。为了从根本上改变这种落后的教育思想，我们必须大力推进素质教育，建立符合时代要求的教育内容体系。❶

三、高校体育教学内容结构的优化措施

（一）体育教学内容结构主观目的性的改进

今天，高校的体育教学内容体系应更具主观性和针对性，只有当客观需要与主观目标相匹配时，体育教学内容的结构才是稳定合理的。我们需要从两个层面理解体育教学内容结构的目的。首先，由于学生在不同的教育阶段对内容的需求是不同的，体育教学的内容结构必须与这些不同的阶段相对应，因此，在确定教学内容结构时，必须考虑不同阶段的需求，精心选择，合理组合。其次，体育教学内容的结构应遵循学生的主要认知和接受规律，帮助他们形成合理的知识、技术、体能和技能结构。例如，在小学阶段，体育教学的目的应该是提高学生对学习体育的兴趣，练习基本的身体动

❶ 陈轩昂．新时期高校体育教学的改革与发展［M］．北京：航空工业出版社，2019.

作和培养自信心。在这个阶段，应该用体育游戏来教授简单的基础知识。一旦理解了体育的基本知识并引起了兴趣，教学内容的结构就应该改变。这样，主观目标的不断调整将更好地促进体育教育的目标。

（二）体育教学内容结构关联性的改进

众所周知，体育教育和运动技能是非常多样化的。因此，体育教学内容结构的相关性主要表现在：从课程中获得的知识可以有效地扩展学生的知识面，为学生的进一步发展提供良好的学习基础，包括为运动技术、技能和构建良好的能力框架打下良好的基础。体育教学内容结构的相关性有两个层次。第一个层次是横向组合，应该包括简单的基础知识，如健康、营养、卫生、体育活动的原则和竞争规则。另外，必须涵盖各种技术技能和练习，这有助于身体发育，对培养良好的体育态度也很重要。第二个层次是纵向组合，因为教育的基本规律要求对某一学科的研究应逐渐深入，即纵向发展。但高校体育教育的目的是多元的、综合的，这就需要把两个层次有机地结合起来，利用体育教学内容的结构相关性，给学生提供创造性发展的机会和力量。

（三）体育教学内容结构包容性的改进

高等体育教育的内容结构必须具有包容性，而包容性的重要性在于体育教学内容结构的相互渗透和融合。整个教学内容体系应相互联系，形成一个无缝的知识网络结构，形成“1+1>2”的效果。教育内容结构纵向和横向的相互联系和渗透的效果需要教育内容的整合。体育教育内容结构的整合提供了更多的内容选择，能够更好地整合体育教育知识和技能。

（四）体育教学内容结构动态性的改进

随着人们对运动科学的不断探索和学习，新的、有意义的知识将会出现。体育的内容越来越丰富，这对体育教育内容的结构提出了一系列挑战。如何保证体育教学内容结构跟上体育科学发展的步伐，满足社会需求，成为体育教师不可回避的挑战。这要求体育教学内容结构要有活力，必须是动态的。这种动态方式可以保证社会产生的新知识及时反映在体育教学内容中。此外，社会对人才素质要求的变化，如对能够适应快节奏、高压力和激烈竞争的人才的需求，也应反映在体育教育体系中。

（五）体育教学内容结构实践性的改进

实践性是体育教学的关键，也是体育的一个固有特点。体育理论教学的目的是让学生充分了解体育课程，并以此指导实际的体育活动。为实现这一目标，体育教学内容的组织方式要与课程的目标相一致，并与其他学科相辅相成。简而言之，这意味着体育教育内容的结构既有各自的优点，又有综合结构的优势，根据体育教育内容结构的实用性，对若干内容领域进行有机的综合。

四、高校体育教学内容体系的优化与完善

（一）改变传统落后思想

为了改变学生对传统体育教育的看法，必须强调“生命在于运动”的思想。这一思想强调了体育教育的重要性和体育活动对健康的影响，在健康和体育教育之间建立联系，鼓励人们通过体育活动更好地生活，使体育教育与素质教育实现最佳结合。为了实现素质教育的目标——“健康第一，质量第一”，体育教育应帮助学生养成良好的体育习惯，掌握基本的运动技能，通过体育促进教育改革。同时，必须重新审视体育教育的目的、任务、教学方法和目标，建立起适应现代社会的体育教育体系。

改革开放多年来，中国体育教育的改革与发展清楚地告诉我们，在众多教育思想交汇的现代社会，体育为中国教育的发展带来了新的生机和活力。但是，体育教育并不局限于学校，还需要在校外培养良好的体育习惯，使体育教育成为一项长期的工作，最终实现终身体育的目标。只有这样，我们才能实现体育教育改革的真正目的，使体育真正对社会有益。

（二）体育教学内容体系的优化与创新

1. 体育内容体系的优化

为了优化体育课的内容，有必要从结构方面着手，包括正式结构和与内容有关的结构。就形式结构而言，最重要的一点是方案的内容，如教材和指导。优化形式结构可以从根本上改变学习者对体育课程的看法，加速动作的习得，加深他们对体育的理解，促进自身的发展。可以说，优化形式结构从理论上丰富和优化了课程的内容。优化内容结构主要有两个方面：

第一，体育教师在展示方案时的理解和感悟是方案设计的基础，应体现教师的主观意愿。每位教师在这个过程中通过自己的想法和行动来构建所呈现的信息和内容。

第二，内容结构优化是指教师在教学过程中对每节课的内容和主题进行组织和安排的方式。在优化内容结构的过程中，教师需要根据自己的认知来组织课程内容，选择课程主题，并以学习者从课程中获得最大收益的方式来组织。根据经验和研究，我们不难理解，为了优化体育教育的内容体系，需要将体育教育内容与体育课程相结合，同时特别注意优化课程的内容结构，使内容和形式结构在教学过程中充分结合，共同发挥作用。内容和形式结构的优化可以促进体育教育内容体系的结构优化和改革，使体育教育的内容得到明显的调整和完善。

2. 体育内容体系的创新

21 世纪社会的教育要求是使教学内容多样化、一体化、现代化和信息化。在这些要求中，重要的是要关注体育教育和运动的整合。在当今普遍提倡素质教育的背景下，体育教育在教育中的作用变得更加重要。在培养学习者的素质方面，身体素质是科学、文化和道德素质的基础，这三种素质相辅相成。

首先，身体素质非常重要，因为没有健康的身体，人类的思想、科学和文化、理想和道德等就没有立足之本，就无法实现价值。因此，为了提高综合素质，需要大力提高学生的身体素质，以保证他们有一个健康的身体条件，实现更高的精神追求。体育课应最大限度地提高学生的自尊心和对体育活动的热情，以磨练他们的意志，鼓励公平竞争的精神和积极性。同时，教师和学生可以通过体育教育和运动实现相互尊重，最终使学生形成更加自信和积极的精神状态。体育教育应强调引导学生促进身心健康的重要性，使他们形成可持续的锻炼制度和模式，形成新的健康生活方式。

其次，为了满足现代社会的经济和社会需求，对学生的技能要求进一步提高，学生需要具备良好的专业训练、广博的知识和较强的个人素质。为实现这一目标，不仅可以采用单一的课堂教学模式，还需要相应的角色转变，即从对学生的教育到学习，从教师的片面教学到关注学生的个性和才能以及个人发展，这个过程需要更加关注学生意识到自己的自尊的重要性。这意味着通过增加网球和羽毛球等体育课，体育教育的内容可以更加多样化。由于这些科目，学生不仅能够提高他们的运动水平，还能为今后的健身和终身体育锻炼的习惯打下基础。

再次，体育课上使用的设备需要多样化，这不仅是因为学生的身体和心理需要，还因为体育活动的多样性。在确定学生的体育教育目标时，重要的是不仅要发展学生的身体，而且要发展学生的思想。在目前的体育课程中，竞技体育被认为是班级体育，并作为班级体育进行教学。竞技体育通过教科书和校内外的娱乐活动逐渐活跃起来，学生们所了解和喜欢的运动大多来自篮球和足球等竞技体育。然而，随着社会的发展，越来越多的人意识到身体健康的需要，舞蹈和瑜伽等健身运动也逐渐走入人们的视野。当然，健身和竞技运动之间并没有本质上的冲突，如果这些运动要求不高，学生不感兴趣，就可以将其纳入健身计划并积极练习。因此，在考虑竞技体育和素质培养计划时，重点在于多样性和参与性，以便学生选择和参与。

最后，体育活动和运动可以以不同的方式组织，这取决于一个人的技能和发展需求如何随时间变化。在大学阶段之前，当人们还是学生时，体育教育侧重于发展学生的身体能力，而在大学教育之后，则从学习期转向创造期。过去，大学阶段的体育教育内容以运动技术为主，教学方法被忽视，很少关注学生的素质和身心健康，这很不健康。在大学期间，要培养学生的基本技能和能力，掌握全面的技能，特别注意培养学生的学习能力和创新能力。因此，也要更加重视体育方法的教学，注重创新教学，培养学生终身体育的习惯和技能。

总之，要优化体育教学内容，必须遵循学生的心理生理发展过程，使体育教学内容多样化，以满足不同年龄段学生的个体心理和生理发展需要，并将学术、中学和小学内容结合起来。

3. 体育教学内容体系的完善

首先，在改进体育教学内容时，应特别注意课程的实用性。在为不同类型的学习者组织和开发课程时，应选择不同的体育项目以适应不同的情况。在可能的情况下，应选择实用的体育项目，以便学生能够将他们在课堂上所学到的知识运用到课后的日常体育活动中。这将激励学生参加体育活动，并激发他们对体育的终身兴趣。

其次，由于体育教育是终身的，它还承担着帮助学生养成终身体育思想的任务。根据学生所处的阶段和实际情况，体育教育应鼓励学生动起来，养成良好的习惯，为今后的日常生活和素质教育的最终目标服务。

总之，可以采取一些措施来优化和改善体育教育系统。第一，需要增加核心体育教学的内容，以适当发展学生的身体和技术。第二，在体育教学过程中加入游泳和羽毛球等体育项目，既能发展学生的体能，又能为他们提供更多接触社会和提高技能的机会。第三，体育教育计划应该根据学校的能力来制定。体育课程的主要受益者是学生，这也意味着教师需要根据学生的兴趣和爱好来调整课程内容。当然，教师必须照顾到学生的身体发展，但他们也必须关心学生的心理发展，教导他们勇敢面对失败，而不是气馁。

综上所述，完善体育教学内容体系有以下意义：一是有助于对体育教学内容的研究，二是有助于体育教学理论的完善。各个时期的体育教学内容和体系有很大的不同，体育教学内容随着时代的发展和变化而逐渐演变，形成斑驳的画面。首先，作为体系的组成部分，应分析体育教学内容，提出解决教学现象的办法，以利于建立和优化新的、有效的教学内容体系，实现体育教学的最终目标。其次，鼓励教师对体育教育的性质和现象进行更深入的思考。只有这样，他们才能向学生解释体育教育的本质，并在这些问题的反馈基础上，将教学重点放在最新的教学理念上，以实现最终的学习目标。最后，优化和改进内容系统将帮助教师提高研究和教学技能。由于本课程将理论与实践相结合，体育教师可以通过学习课程的内容和目标，并向学生更详细地解释，来提高他们的研究和教学能力。

随着社会的发展和教育的进步，新的体育项目出现了。当有不同类型的学生时，体育教师需要了解他们的一般个性特征，并教授适合他们每个人的课程。在当今社会，学校教育对体育教师的要求和期望越来越高。这也要求体育教师投入更多的时间来研究和优化学习内容。只有这样，学生才能加深对体育的理解，并最终养成良好的学习习惯，从而使他们在一生中都能应用和实践体育。只有让学生学会应用，才能更好地发挥体育在人类发展中的作用，这也是优化和完善体育教学内容的最终目的。

第三章　大学体育教学的发展与优化

随着我国经济体制的不断改革，大学体育教育迎来了新的发展机会，国家开始加大对高等学校体育教育的关注。大学体育教育发展与优化的内容主要包括体育教学内容的优化、环境的优化、教学理念的优化以及教学设计的优化。本章即针对这些内容进行一定的阐述。

第一节　体育教学内容的优化

一、面向广大普通学生，改变教材中过浓的竞技色彩和落后的思想观念

（一）技术教学方面

掌握某些运动技术是高等教育机构体育教育的目的和目标之一，是“终身体育教育”的必要条件。然而，我们必须明白，每项运动都是经过多年训练形成的，是最合理的、最可取的（目前）和最没有争议的。不合理的是，一些学校课程从小学到大学都使用这种技术标准。例如，在篮球教学中，对小学生、中学生和大学生的运球技术有同样的要求，当三者同时学习时，大学生掌握得最好。即使是“未经训练的职业球员”也不应该被允许过早地“培养”他们的技能，更不用说在几节课上教给普通学生了。这显然是对待学生的一种不恰当的方式。体育教师需要知道如何在教学中给出正确的“尺度”。否则，久而久之，学生就会产生厌烦情绪。

（二）考核方面

大部分教学内容来自竞技体育，因此许多评估要求都是一样的。例如，在跳远比赛中，如果一个学生犯了三个错误，分数只能是零。世界上一些著名的运动员经过多年的训练和失误后参加比赛的情况并不少见，更不用

说那些经过短期训练就被评估的学生。评估是检查教学效果的一种手段，并不是最终的目标，但在实践中，有许多内容是以评估为终点的。

（三）应试教育

目前，应试教育对体育教育产生了很大的负面影响，学校管理的思想观念也不够理性。学校体育教育受“重运动成绩，轻学生体质”思想的影响，普遍存在“重竞争、轻热爱，重课内、轻课外，重优生、轻全体”的现象。高校的体育教育传统上强调课堂教学，强调以教师为中心的传统体育知识和技能，这限制了学生的自主性，不能激发他们对体育活动的兴趣。大多数学生在很大程度上忽视了身体素质、体育意识、体育知识、体育技能、体育文化和体育习惯的提高，影响了人格、性格、尊严、价值观和应对能力的健康成长、发展和提高，造成人才培养的片面性。

二、树立“求知创新”和“健康第一”的思想，贯穿终身体育的主线

“健康第一”的思想集中体现在体育与健康教育相结合的内容和方法上，因此，它与体育学科的建设密切相关，同时也延伸到维护和促进健康，成为体育教育终身制的一部分。因此，体育教育的具体作用决定了体育作为优质教育服务的具体作用。我们要全面推进素质教学，树立“知识创新”和“健康第一”的体育教学指导思想，使学生掌握基本的运动技术，把接受教育作为一种精神目标。我们要重新思考体育教育的目的、活动、手段和方法，构建高校体育教育的新体系。

中国高校的体育教育经过几十年的发展，特别是改革开放后，各种教学思想进入这一领域，给学校体育教育的发展带来了活力。但是，我们必须清楚：高校体育教育有终点，而人类的体育活动却没有终点。如果学校体育教育的结束伴随着人的体育生活的结束，那么终身体育就成为一句空话。

三、教学内容体系创新

（一）重视体育和健康教育相结合

在中国深化体育改革、推进素质教育的背景下，“健康第一”思想的提

出确认了学校文体活动在素质教育中的重要和独立作用。素质发展是指学生的思想道德素质、科学文化素质和身心素质的提高，它们构成一个相辅相成、不可分割的整体，其中身心素质是最主要、最重要的。没有健康的身体，人的道德、认识、理想、情感、知识等编程工具就失去了可以依赖的支撑。提高质量应优先提高学生的身体健康水平，增强学生的身心素质。高等学校的体育教育应致力于使学生真正认识到身心健康对社会发展和个人生活的重要性，从而鼓励他们积极参加体育活动，以磨练自己的意志，培养进取精神和公平竞争意识。通过体育教育，教师和学生可以体验到积极健康的情感，如尊重、理解、宽容、合作和责任感，这些都能提高自尊、自信和个人成就感。通过体育教育，学习者可以认识到体育的价值和体育活动的效果，并形成一种稳定和健康的生活方式。高校的体育教育应提供一个全面的教育体系，注重人的全面健康发展，以体现“以人为本”、持续、均衡、人文、知情和终身的大学体育的特点。

（二）加强高校体育内容体系的现代化、综合化、个性化

为了适应市场经济和社会发展的需要，升入高等院校的学生必须具备扎实的基础、广博的知识和过硬的技能。为了实现这一目标，我们需要改变高等院校体育教学的独特方式。教学过程需要更加注重个人的重要性。体育教育的内容需要全面而多样，包括广泛的课外运动，如网球、羽毛球、乒乓球和保龄球。特别是要大力加强终身体育教育的内容，让学生明白体育教育的价值不仅在于提高技术技能，更在于掌握体育活动和健身方法，保持和促进健康。

（三）竞技运动的“教材化”和健身运动项目的开发

学习材料选择的多样性不仅来自学生身体和心理需求的多样性，而且来自体育环境的多样性。高等教育机构的体育教育应该是“教学性的”，以发展学生的身体，满足他们的心理需求，这与学校体育的目标是一致的。竞技体育是体育教育课程的重要组成部分，在很多情况下，不能直接转移到课堂上，必须进行调整。健身运动项目的发展必然会导致新的内容体系的建立。健身体育项目并不排斥竞技体育项目，一些学生感兴趣、要求足够高、可以持续开展的竞技体育项目可以保留在健身体育项目体系中。因此，大学体育应适当处理好竞技体育与健身运动发展之间的关系，强调其自愿性和包容性。

（四）增加有助于培养学生体育能力的教学内容

一般来说，人才的发展有两个阶段："研究阶段"和"创造阶段"。大学教育是人才从学习阶段进入创造阶段的过渡点和转折点。过去，大学体育教育集中于运动技术的教学，忽视了运动方法的教学，不利于学生运动技能和健康的终身发展。除了教授大学生基本理论、知识和技能外，最重要的是培养他们的创造力，特别是学习能力，使他们在获得新知识时能创造性地学习。因此，应高度重视体育运动方法、学习技巧的传授，培养学生学习的创造性，确保学生获得终身的体育技能。

体育教学内容的多样化应考虑到学生的生理、心理发展规律和知识技能的演变，顺应不同年级、不同性别学生的不同需求，以及学生的个性发展需要，研究大学、中学和小学体育教学内容的普遍联系。

第二节　体育教学环境的优化

一、高校体育教学环境对教学活动开展的重要影响

（一）高校体育教学的外部环境对教学活动的开展具有保障作用

外部环境是高等院校体育教育的前提条件，也是教学活动成功的重要基础。在高等学校体育教育中，不同的外部环境对教学绩效的影响不同。良好的外部环境对体育教学的效果有明显的积极影响。例如，现代化的、令人满意的体育教学环境，充足的、标准的体育教学设备、新鲜的空气、明媚的阳光、优美的自然环境，都能对教学效果产生积极的影响。在这样的环境中，学生可以找到足够的物质条件来发展，他们的学习行为也得到了有效保证。然而，不良的外部环境会对大学体育教学的有效性产生严重的限制作用，如破旧的设施、陈旧的教材和恶劣的天气条件，不仅阻碍了课堂的顺利进行，而且会导致学生的不情愿和抵触情绪，影响他们保持和发展学习的兴趣，降低学习效率，最终导致学习效果不佳。因此，创造良好的外部环境是提高教学效果，促进教育活动健康发展的重要保证。

（二）高校体育教学的内在环境对于教学活动的开展具有推动作用

高校体育教育的内部环境是由各学科之间的互动形成的，并体现在学习

氛围中。一方面，教师是学习活动的组织者，他们的教学思想和价值观决定了学习活动的过程、效果和发展。另一方面，学生是教学活动的主要对象；他们构成了“受益群体”，其行为、动机和学习效果决定了整体教学目标的实现。因此，教与学这两个主要角色之间的互动对教学活动的发展有着非常重要的影响。基于信任、尊重和相互理解的互动会产生正能量，是教学发展的重要催化剂。反之，基于相互抵触和缺乏信任的互动会对教学的发展产生重大的负面影响。因此，在素质教育和学习的新形势下，培养师生之间良好的人际关系，创造师生之间的良性互动，建立情感互动和信息交流的渠道，是营造良好教学氛围、实现教学健康持续发展的重要基础。

二、优化高校体育教学环境的重要意义

（一）适应素质教育的发展理念，满足社会发展的需求

推行素质教育的目的是有效提高教育的社会价值，满足社会的发展需要。因此，高校的体育教育在发展理念和价值取向上都发生了新的变化。特别是，教育的重点已经从单纯的技能教育转向全面发展和教育。为了实现这一新的教育目标，教育活动的所有相关方面和要素都需要以有机的方式加以整合、调动和优化。学习环境是高校体育教育的先决条件，如果能够有效地调整和维护，对学习目标的实现具有重要影响。因此，为了适应素质教育的新理念，有必要优化高校的学习环境，确保其基本功能得到更有效的发挥，从而促进学生的体育技能得到全面、有质量的发展，以适应社会的发展需要。

（二）提高学生体育学习的兴趣，推动其自主学习意识的有机生成

优化体育环境的目的是消除消极因素的影响，激发和鼓励积极因素的作用和行动，强调教育环境的适应性，为学生创造一个良好的学习环境。按照素质教育的理念，自主学习已成为大学生在体育教育领域的主要行为，学习环境的要求也随之提高。这是因为，良好的学习环境，首先是激发学生对体育学习兴趣的主要因素，为学生从事无干扰的学习活动提供了重要依据；其次，良好的学习环境有利于学生自主意识的产生，使个人得到有效发展，满足学生的发展需要；再次，良好的学习环境能增进人际关系，使教师和同伴在体育教学中培养学习能力。最后，良好的学习环境促进了人际关系的改

善，使教师和同伴能够支持学生的学习行为，实现协同发展。❶

（三）构建良好的教学环境，全面提高教学的整体效果

在传统的大学体育教育中，由于长期受应试教育的影响，教学环境中充满了消极、陈旧、颓废的因素，严重限制和阻碍了教学活动的开展，造成了严重的后果，大学体育教育的效率非常低。因此，基于素质教育的理念，在新形势下可以通过有效的优化手段对大学体育教育环境进行净化，使之成为新形势下大学体育教育发展的重要基础，确保大学体育教育活动的发展得到维护和保障，从而强调教学活动的有效性。这将对提升高等院校体育教育的整体影响力起到非常重要的推动作用。

（四）促进校园体育文化体系的完善，推动和谐校园的建设

学习环境是校园物质文化系统的一个组成部分，它的优化和发展对塑造校园物质文化具有重要作用。优化的本质是适应与和谐的体现，学习环境的有机优化是创造和谐的学习环境的前提条件。传统的大学体育教学环境具有一定的教学思想、教学方法的局限性和发展方向性，使学生在学习活动中容易接受，其独立意识和个性的发展仅限于被动的、接受性的学习，学习氛围明显不平衡。优化大学体育的学习环境，可以注重发挥学生的主体作用，纠正失衡现象，使学习环境健康、和谐、令人满意，这对和谐校园的发展具有重要作用。

三、高校体育教学环境的优化原则与优化策略

（一）优化原则

1. 教育性原则

高等教育的作用是传授知识和培养学生的性格。因此，在设计体育教育环境时，必须注意教育性原则，培养学生的体育知识，加强他们参与体育的积极性。

2. 人文性原则

人文性原则意味着学生必须始终处于体育环境设计的中心，尤其重要的

---

❶ 谢宾，王新光，时春梅．高校体育教学与运动训练研究［M］．长春：吉林人民出版社，2021.

是要考虑到学生的安全和卫生，创造一个和谐、民主和平等的氛围。

3. 科学性原则

科学性原则是指体育教育环境的设计要最大限度地满足体育活动的需要，满足学校和建筑的基本美学要求。另外还应考虑到学生的不同需求，并顺应学生身心发展的基本规律。

4. 实用性原则

实用性原则是指体育活动环境的设计要充分考虑到每所大学的实际需要和财政状况，以创造具有自身特色的大学体育活动环境。

（二）优化策略

1. 优化体育教学设施

优化高校体育设施主要有两个方面：一是购置完整的体育设施，二是合理利用和统筹协调体育设施。首先，各高校应根据自身的实际财力情况加大投入，同时争取国家的政治支持。购置各种必要的训练器材和体育设施，建设好体育设施，保证体育设施和器材满足高等教育的需要，为体育学习创造良好的条件。其次，在购置体育设施后，要合理组织体育设施，保证体育设施的整体协调。同时，要为体育课留出合理的时间，以提高利用率。在建设体育场馆时，重要的是要将其设计成光线充足、空气流通的场所。体育馆的建设和体育器材的购买必须以学生的需求和体育教学的需要为基础，以确保体育教学质量的提高。

2. 优化时空环境

地方环境因素主要有空间和时间两个方面：在空间上，学校应根据学生自身的体育活动潜力，最大限度地利用课间和空闲时间的体育设施，以优化学生的身体素质；在时间上，学校应根据学生之间的差异，如智力、体能和生活技能的差异，以及学生之间的差异，设计学习内容和组织课程。充分发挥学生的特长，最大限度地促进学生的身心发展。

3. 优化人际环境

学生对老师的情绪和感受直接影响到课堂的效果。如果学生喜欢老师，他们在上课时就会积极参加课堂活动，从而促进学习效果的提升。对于体育教师来说，与同学们建立良好的关系是非常重要的，这样才能在课堂上创造和谐的气氛，促进学习活动。因此，体育教师要注重自身的德育和专业发展，在课堂上展现个人魅力，在教学中自由发挥学生的主观能动性，赢得学生的喜爱。

第三节 体育教学理念的优化

一、“健康第一”教育理念

（一）坚持“健康第一”教育理念的必要性

1. “健康第一”理念符合当今世界的发展潮流

1948 年，世界卫生组织（WHO）提出，真正的健康是没有疾病，并保持良好的身体、心理和社会平衡。WHO 显然是从身体、心理和社会方面来定义健康。此后，健康教育在世界范围内得到了广泛的发展和推广。1990 年 6 月，中国教育部和卫生部首次联合颁布了《学校卫生工作条例》，正式将健康教育纳入学校课程，其目的是改变既有的、相对不发达、不完善的体育与健康教育体系，摆脱单一的竞技体育模式和对金牌的片面追求，促进群众性体育活动的扩大，力求为所有学生提供参加体育锻炼和健身的机会，关注学生的身心健康，进一步发展健康教育。第三次全国教育大会明确强调，身体健康的年轻人是为民族和国家服务的重要前提。为此，对学校的体育课给予了高度重视，对中小学和高等院校的体育工作进行了改革和调整。《中共中央国务院关于深化教育改革全面推进素质教育的决定》规定，学校教育要树立“健康第一”的思想，关注学生的身心健康。

2. “健康第一”理念符合社会发展的需求

当今世界发展迅速，国家之间在各个领域的竞争也越来越激烈。国家之间的竞争首先是对专家和劳动力质量的竞争。对发展中国家来说，这是一个发展教育的大好机会，但同时也面临着巨大的挑战：要想从竞争对手中脱颖而出，就必须培养出受过高等教育的专业人才，他们要有良好的政治思想、良好的科学知识和技能，以及强健的体魄。为此，学校教育应以培养学生良好的身心素质为目标，促进学生的健康发展，引入适合新世纪的“健康第一”方针，消除与新世纪不相适应的教育思想、体育内容和方法。有关社会调查显示，当今中国中小学生的正常营养状况不尽如人意，营养不良和营养不足的学生比例很高，超重和肥胖的学生人数不断增加，近视率也与日俱增。我们需要意识到这些情况的严重性。学校要认真总结经验和教训，全面贯彻党的教育方针，加大体育工作力度，向全民宣传体育健身的科学知识，特别要注意学生的健康、体育和卫生。

实践经验表明，学龄儿童积极参加体操班，不仅可以增强身体和抗病能力，还可以开发智力，这不仅对他们的发展非常有利，而且对国家的长期实力也有好处。

（二）“健康第一”教育理念的目标

1. 落实健康标准

执行健康标准，适当调整体育教学内容，促进学生科学、适度的体育活动，以强化学生的行为，实现学生的身心健康目标，提高学生的终身健康意识。同时，体育教育应该更好地适应评估学生身体素质的新标准，适应本地区的气候和资源，以及学校的教育特点。学生应该有根据自己的兴趣和特点选择运动的自由，这样他们就可以参加真正感兴趣的运动，学习适合他们的健身方法。学校不应专注于每项运动的达标，而应提高学生的认识，提倡终身体育锻炼。

2. 进一步完善体育与健康教育体系

体育教育本身包含了足够广泛的知识和文化遗产。在体育教学中，应充实体育人文、运动人体工程学和健康教育的内容，使体育教学具有科学性和人文性，提高体育教学对学生的教育价值，增强学生对体育教学的兴趣。教育内容还应包括旨在保证学生身心健康发展的一般信息，如预防艾滋病、戒除毒品等，使他们养成科学、健康的工作和休闲习惯，形成健康的心理状态。

3. 贯彻“健康第一”的指导思想

学生仅仅依靠强壮的身体、良好的体质和丰富的知识，很难在社会上立足，因此，政府提出了“健康第一”的思想，对学校的体育教育和人才培养提出了更高的标准，即培养身体健康、心理稳定、有竞争力、有凝聚力、有合作精神的新型全面人才。学校体育教育应重视这一使命和任务，将体育教育的理念从“健身第一”转向“健康第一”。

4. 体育教育要服务于学生体质健康

在健康的三维视图中，身体健康一直是一个核心问题。“健康第一”原则的实施意味着学校的体育和健康教育应以改善学生的身心健康为目标，提高身体素质，培养全面发展的技术人才。体育技术是学生参与体育教育的重要手段和工具。通过掌握体育技术，学生还应该获得体育与健康知识，养成积极健康的体育锻炼习惯。

5. 学校体育要服务于学生心理健康

随着社会主义市场经济的不断发展和完善，市场竞争加剧，学习、住房、升学、工作、恋爱、婚姻等方面的竞争无处不在，这给大学生带来了沉重的负担，而长期承受这种负担的学生都会出现不同程度的心理问题。因此，我们要重视并努力提高学生的心理健康水平，而学校体育在这方面发挥着独特的作用。学校体育组织方式灵活，适应学生的需要，针对不同的人制定不同的体育活动目标，对学生的身体能力进行全面评估，这对发展学生的心理健康是很现实的。

（三）深入贯彻“健康第一”的教学理念

在新时期，高校体育教学应严格坚持“健康第一”的教学理念，在教学过程中始终遵循“健康第一”教学理念的指导，促进学生身心健康地发展，为终身体育活动习惯的养成奠定基础。具体来说，“健康第一”的教学理念应从以下几个方面应用于高校的体育教学。

1. 体育教师努力提高自身业务素质

体育教师对体育教学质量有直接影响，甚至直接影响到体育教师的素质。高校的现代体育教育要求体育教师不是简单的教师类型，而是要成为具有一定探索精神和创新能力的研究型教师。为此，体育教师必须全面了解自然科学和人文科学的知识基础，特别是了解体育教师职业、体育的人文价值和学生素质培养模式，这是提高体育教师专业素质的必然前提。体育教师还需要树立终身学习的观念，适应不断变化的社会需求，与教师、学生、家长和其他相关人员合作，以达到协调一致的效果。

新时期的大学体育教育也对教师的教学控制能力提出了一定要求，这也是体育教师专业素质的一个关键因素。这包括根据学习目标做出决策和计划教学任务的能力、组织和管理课堂的能力以及评估学生知识和技能的能力。体育教师要积累实践教学经验，积极参加体育教学研究，能够发现和研究工作中的问题，并运用科学方法加以解决，成为具有良好职业素养、业务能力、研究能力和创新能力的新型教学人才。

2. 加强体育、卫生、美育的结合

学生在参加课内外体育活动时应注意营养的均衡摄入，养成良好的健康习惯，用健康科学知识指导自己的体育活动。在体育课上，教师应向学生提供运动营养方面的科学建议，培养学生对营养和健康的基本认识。目前，学校体育与健康教育的整合工作进展顺利，并取得了一定成效，但尚未建立起将两者结合的体系。因此，学校在发展健康教育时，要考虑到学生的生长发育和生活实际，让学生学会保护自己、照顾自己并预防伤害和疾病。

同时，要注意将美育融入体育教学，发挥体育教学的审美功能，培养和发展学生的智力。体育教育是健康与美的有机结合，将美育融入体育教学，可以使体育教学的内容和形式充满美感，提高学生对体育教学的兴趣和参与热情，丰富学生的审美体验，有利于培养学生创造美的能力。

3. 结合学生实际情况展开教学

体育教育应通过一系列基于学生现实生活条件的任务来进行，在了解学生自身需求和情况的基础上，提高他们对健康和健康行为的认识，并尽可能地将所教信息转化为自觉行动。学校还应该根据学生的实际情况制定全面的体育活动计划和教材，组织学生进行体育活动，并积极探索先进国家在学校体育教育和健康教育方面的成功经验。体育课要上得充分，但不能过多，教师要给学生提供校外体育活动的理论建议，学校要多组织不同形式和层次的体育比赛，使学生的实践能力得到发展和提高。学校还应该开设运动营养学、运动心理学、运动健康等与体育密切相关的专业课程，以完善学生的知识结构和体系。

4. 技术教育与健康教育相结合

体育教育应有效地提供有关健康和体育活动方法的信息，在充分挖掘体育活动的社会资源的环境中制定体育方案，并培养学生的体育活动优势和习惯。

健康知识和健康促进方法对参加体育教育的学生来说是非常重要和关键的。在传统的体育教育中，教师过于注重运动技术的传授，而对健康知识的传授不够。然而，只有当学生掌握了健康知识和体育活动技巧，他们才能不盲目地参与体育活动，才能客观有效地评估自己的情况和体育活动的效果，以取得良好的成绩。学校往往只关注自己在体育和设备、教师和学生方面的情况，而很少关注学生进入社会后是否能继续从事他们所学的运动。学校应该关注学校和社区的体育资源，提供更多的项目和更好的社会体育设施，为学生创造一个终身的体育环境。体育是运动的环境，良好的体育设施可以提高学生的运动兴趣，帮助他们养成良好的运动习惯。因此，体育教育以运动技能为重点，注重培养学生的一般运动兴趣和专业运动能力，使他们能够一专多能，同时注意传授健康和健身技能，使学生能够在没有老师的帮助下继续独立参加运动，并取得具体的运动成绩。

二、"以人为本"教育理念

（一）"以人为本"教育理念的内涵

1. "以人为本"教育理念的核心

以人为本的教育理念的精髓体现在体育教育的以下方面。

第一，充分肯定学生的人性，对他们的潜力和智慧充满信心，相信学生渴望有一个健康的身体以及身体和心灵的和谐结合。

第二，把大学生作为高校体育教育的主体，尊重大学生的人格和权利，促进大学生人格的健全，保护大学生的合法权益。

第三，理解和尊重每个学生的差异，因材施教，培养学生的个性，促进所有学生的发展。

第四，鼓励学生主动出击，让所有学生都能积极参与到体育运动中。

第五，确保所有学生都能取得进步，达到新的发展水平。

2. "以人为本"教育理念的目的

"以人为本"的体育教育理念的主要目的是加强个人的主观能动性。人的发展和完善是教育的主要目标，体育教育是教育的一个组成部分，也有发展和完善人的任务，需特别注意学生主体性的发展和实现。主体性包括个人的自主性、能动性、自立性和创新能力，是对其能力、性格、地位、价值观和其他特征的评价。"以人为本"的体育教育理念要求体育教学方法和手段更加关注学生的"学习方法"，特别关注学生的个体差异和不同需求，用不同的方法和手段来保证学生的一般和特殊发展。教育的总体目标得到了考虑，同时，每个学生的想象力和创造力得到了充分的发展，独立学习的积极性也得到了提高。因此，应强调体育教育评估的"人文"性质，以促进人的主体性的发展。[1]

（二）“以人为本”教育理念的重要意义

1. 推动体育事业发展

体育教育是一种以人为本的教育，目的是提高人体的潜力。因此，学习过程中必须尊重和鼓励人，以有效地提高人的潜力和作用。从中国现代体育教育的现状来看，树立“以人为本”的现代体育教育理念，可以为体育教育提供良好的指导，将“以学习者为中心”的现代体育教育理念落到实处，促进中国体育教育的稳定发展。这将有助于中国体育教育的进一步稳定发展。

2. 提升教师责任意识

体育教育对教师的综合素质要求很高，不仅要有专业知识和技能，还要有教学经验和强烈的责任感、使命感。在教学过程中，教师应了解并充分关注学生的实际情况，能够识别和分析教学方法和风格对个别学生的影响。这将有助于实现体育教育的目标，能够增强教师对工作的责任感，强化教师的使命感和目的性，确保对自己的工作和行为负责，而且在一定程度上提高了教师的专业技能以及教学的有效性。

3. 强化学生综合素质

现代体育教育的根本目的不仅在于培养学生的体能和健康，还在于提高他们的专业技能、文化意识和道德素质。在“以人为本”的现代体育教育理念下，体育教育可以提高学生的综合素质。在这种情况下，“人”不仅仅是指个人，它包含了各方面的能力，注重个人的健康和全面发展。将“以人为本”的思想根植于现代体育教育，学生在接受体育教育的过程中能够在获得文化知识和道德教育的同时，获得相关的运动技能，从而保证学生德、智、体、美全面发展，为我国的人才强国战略打下良好的基础。

（三）坚持“以人为本”教育理念的要求

1. 对体育教学目标的要求

为了在现代体育教育中遵循“以人为本”的教育理念，我们需要改革传统的只注重社会导向目标的体育教学方式，把社会导向目标与学习者导向目标有机地结合起来。所谓社会导向，就是把社会定义为有价值的体育教育提

[1] 宁昌峰．现代体育教育训练的理论发展与创新研究［M］．北京：煤炭工业出版社，2018.

供者，力求充分满足社会的发展需要；所谓学习者导向，就是把有价值的体育教育提供者定义为了解每个学习者的需要，把学习者的兴趣和需要作为教学的基础，促进学习者发展需要的充分满足，保证学习者的健康发展。只有将这两个目标充分结合起来，才能充分实现大学体育教育的目标。这两个目标的结合要求体育教育不能只注重社会价值的目标，还应强调提高学生的学习动机和兴趣，培养良好的体育态度和习惯；不仅要考虑学生在学习期间需要达到的短期目标，还要考虑终身体育活动的长期目标。这种教育理念还需要考虑到教学的近期和长期效果，以实现学生的可持续进步。

2. 对体育课程内容的要求

"以人为本"的教育理念意味着教授运动、技术和技能的体育教育模式发生了转变。新的模式是学生为特定的目的学习体育活动，并获得更好地融入社会所需的基本体育活动技能。因此，在选择体育教学内容时，不仅要考虑到选择学习材料来教授传统体育课程中规定的技能，还要考虑选择能够激发学生对体育活动的兴趣并有助于其个人发展的学习内容。为了促进体育教学内容体系的丰富和完善，体育教学内容的选择应特别考虑到以下几个方面。

第一，选择有趣的、吸引人的体育教育材料。

第二，选择具有创新性的学习内容，培养学生的创造力和创新能力。

第三，选择实用的、与社会和生活相关的体育活动内容，对培养学生的终身体育活动能力产生积极影响。

第四，应选择较轻松、较受欢迎的科目，并相应地修改困难的运动和比赛，使科目的难度符合学生的基本能力和需要，使他们不会因为体育课太难而失去兴趣。

（四）"以人为本"教育理念的落实

1. 构建和谐的师生关系

体育教育的主要目的是关心学生的生活，尊重他们的人格，保护他们的权利和利益。在这方面，体育教师必须认识到学生之间的差异，尊重学生的自主性和个性，建立平等和谐的师生关系。鼓励是教学的有力武器，是融洽师生关系的润滑剂，是营造民主和谐的教学氛围的重要手段，是构建和谐师生关系的重要途径。在宽松自由的空间和氛围中，学生更容易与老师和同学进行积极的沟通和交流，获得丰富的信息和知识，倍增成功的经验，并在这些经验中获得自信。

在体育课上，体育教师需要知道如何使用鼓励的话语来激励和安抚学生。例如，在教授田径中的跳远时，体育教师应该热情地使用鼓励的话语，而不是面对那些在沙地上跳不下去的女孩，嘲笑或讥讽这些学生。鼓励的话语可以给学生带来极大的安慰，使他们更有决心和动力去追求卓越，变得更加勇敢、自信、乐观和积极，这对体育课的教学效果有积极影响。

2. 对学生理解宽容

为了实现这一基本目标，体育教师必须特别关注学习困难的学生，了解学生之间的差异，知道每个学生的特点和长处、弱点和缺点，表扬学生的优点，宽容学生的缺点，帮助他们改正。几乎每个班级都有喜欢摆弄问题的学生。对这些学生，教师既要坚定，又要宽容，这体现了体育教师的责任心和宽容心。如果严格要求，学生就会害怕或抵触，不利于改正他们的缺点。在对待“不及格的学生”时，教师要有一定的感情，付出一定的努力，最重要的是对他们的错误给予宽容和理解，以减轻学生的思想负担，给他们自信，使他们能够发挥内在的精神力量，自觉地改正错误，发展自己，这就是“以人为本”。

换言之，即使一个学生的基础非常薄弱，学习效果不好，老师也必须继续教他，引导他，使他不断进步，达到其他学生的平均水平。每个学生都有成功的愿望，贫困学生也不例外，最重要的是要培养他们对体育的兴趣。有些学生无法在短时间内掌握某个动作或达到某个水平。因此，教师必须照顾他们，帮助他们，在课余时间对他们进行特殊训练。在课堂上，所有的学生都应该被平等对待，不应被嘲笑或讽刺，好的体育教师会努力培养学生对体育的兴趣和信心，而不是只关注他们的身体表现。只有当学生有兴趣时，他们才更有可能参与、享受并在无人监督的体育活动中取得进步。

3. 采取灵活多样的教学形式

体育教学要充分体现学生的主体作用，强调学生在体育教学中的主体地位，让学生意识到自己的作用，积极参与到学习体育的情感和活动中来。为实现这一目标，体育教师应引入不同的灵活教学方法来组织体育教学。例如，对于越野跑，很多学生都很畏惧，不愿意参加这项运动，但如果体育教师能够创设合理的学习情境，就会取得非常好的效果。教师可以根据学生的身体状况将他们分成几组，进行3000米越野赛，并从每组中选择一名学生带队，每个学生携带一个 3 公斤的哑铃。在比赛过程中，教师应强调团队合作的重要性，并允许学生帮助同学拿哑铃，从而创造一个非常和谐的课堂局面。每个小组可以讨论一个口号，以鼓舞士气。这样一来，学生们就不会把越野跑看作是一项困难的运动，而是一种游戏，并会抓住机会充分证明自己的潜力。这表明，现代课堂教学为教师和学生提供了一个很好的讨论机会和空间。在课堂上，教师可以运用不同的教学风格，使用各种教学方法来激发学生的内在需求，鼓励学生的进步和发展。

4. 对学生进行客观评价

体育教师应注重对学生的体育学习进行客观、全面的评估。一般来说，对体育教学的评价主要集中在常规表现、定性结果和学生技术能力的运用上。然而，鉴于不同学生的学习能力不同，一般来说，技能高的学生更容易取得好成绩，而技能相对较低的学生虽然尽力了，却不能取得满意的成绩。长此以往，成绩好的学生会变得更加自信，但也容易自满，不再关注学习，而成绩差的学生则逐渐失去信心和对运动的兴趣，甚至最终感到厌烦。这样的评价不仅难以考虑到学生的实际体育情况，而且严重打击了学生的积极性，影响了他们的心理健康。因此，教师应采用不同的评价方法来评价不同类型的学生，鼓励每个学生以更健康的方式成长和发展。

此外，体育教师应重视体育教学的整体评价，应遵循“以人为本”的理念，对学生的全面发展给予应有的关注。这样，我们才能对体育课程进行具体的改善，使学生取得更大的进步。

总之，体育教育必须摒弃传统的教育观念，树立“以人为本”的新理念，为学生提供发展和服务。

三、“终身体育”教育理念

（一）“终身体育”教育理念的内涵

1. “终身体育”的内涵

从概念上讲，终身体育教育是指人们在一生中参与体育活动和获得体育教育的过程，它包括两个方面：一方面，人们在对终身体育活动有了正确的认识和理解后，会产生一种内在的需要和强烈的体育活动意识，这种意识促使人们自觉地参与体育活动，并逐渐形成终身体育活动的观念。另一方面，人们在一生中会经历不同的发展阶段和途径，无论处于哪个阶段，都会在新的环境中继续进行体育锻炼，并在一生中保持这种习惯。

为了更好地理解终身体育，可以考虑以下几点。

第一，就时间而言，体育是一项终身活动。

第二，在运动内容方面，有多种多样的终身运动，可以根据个人喜好选择。

第三，在个人层面，终身体育向社会所有公民开放，特别是青年学生。

第四，终身体育是提高公民综合素质的有效途径，也是一个国家在教育方面的繁荣和实力。

终身体育锻炼教育的最终目的是让人们自觉地进行体育锻炼，实现身心健康发展。要让人们养成终身体育锻炼的习惯，首先要提高人们对体育锻炼的认识，创造内在的动力，使体育锻炼的习惯变得更加牢固和持久。

2. “终身体育”的体系构成

终身体育体系庞大而复杂，以下是该体系的几个重要因素。

（1）构成人群。最重要的是，政府需要制定有效的方法，为人们提供体育活动的设施和机会，使他们能够参加体育活动，并在保证基本条件的基础上改善他们的行动能力，这是发展终身体育的先决条件。

（2）构成空间。在人类发展的历史长河中，每个人都是家庭、学校和社会等成长和发展环境的有机组成部分，这些环境在不同程度上影响着人们终身体育锻炼习惯的形成。在这些环境中，学校教育时期是一个人发展的关键阶段。当学生在学校接受体育教育时，他们的身体和精神都得到了发展，这有助于家庭发展和社会进步。

（3）习惯养成。终身体育习惯的培养尤其与体育概念、体育活动和体育氛围有关。培养体育的概念和兴趣以及创造良好的体育氛围是形成体育习惯和发展终身体育的重要保证。

（4）锻炼能力。体能也是终身体育最重要的组成部分之一，包括知识、技术、技能和智力等基本要素，因此，体能显然是一个人身体和心理素质的综合体现。谈到体育活动，个人必须根据不断变化的情况选择合适的方法，合理安排体育活动时间，组织和调节体育活动负荷，对体育活动的影响进行自我监测和自我评估，以不断提高体育活动的影响和效益，使之贯穿一生。

为了有效地开展和提高高校体育教育的影响力，首先要了解大学生形成终身体育锻炼意识和养成终身体育锻炼习惯应该有哪些要素存在。这将有助于更合理地组织高校的体育教学内容，也有助于在实践中更好地落实终身体育教育理论。

对体育教育现状的研究表明，优秀的体育教育教师往往对大学生体育教育的学习情况和学生个体的个性有深刻而全面的了解，能够客观地解读体育教育问题，也能够对体育教育的现状进行改革，为体育教育的发展和完善作出贡献。

（二）“终身体育”教育理念的培养

1. 注重培养终身体育的意识

对学生进行终身体育活动教育，需要让他们了解体育教育。相关的心理学理论表明，行为是在刺激和兴趣的基础上追求感受的结果。因此，有必要调整学生对体育教育的态度，使他们正确认识体育教育的目的，具有持续和长期的学习动机，并有动力获得一系列与体育和健康有关的知识和技能。同时，也要注重理论教学，提高学生对终身体育锻炼的认识，使他们明白体育锻炼对自己的价值。此外，要让学生学会将终身体育锻炼的意识和实践延伸到校园之外，使体育教育系统化、社会化，引入全民体育教育，实现终身体育锻炼的社会价值。在特殊教育中，体育教师应以给学生带来终身体育活动的好处为目标，为每项课程和课外活动制定适当的标准，以达到强身健体的目的，并将素质、技能、知识和能力融入终身学习中。

2. 适时调整体育教学目标

指导学校体育发展的战略思想应该考虑到终身体育的理念。随着社会的发展，对学生的身体进行纯粹的生物学改造已不能满足人的内部满足的需要。终身体育的新理念为学校体育的发展注入了新的活力，有助于个人的自我更新和自我发展，改善人类生活。学校体育是实施终身体育的一个组成部分，对全面发展学生的身体素质、提高和再培训学生各方面的道德素质、促进身体和心理发展都有重要意义，最终会使学生终生受益。学校体育教育应以强身健体和人的成长为目标，贯穿终身学习的主轴，理解终身体育的出发点和目的，结合学生的不同实际情况，全面完成学校体育教育的目标。

3. 调动学生终身体育的积极性

体育教学评估是监督和衡量体育教学效果的重要手段，在体育教学中发挥着重要作用。通过评估反馈，教师可以了解教学效果，弥补不足，发展优势，提高教学质量，同时鼓励学生主动、自觉地利用自己的身体。但是，教师应该明智地使用体育评估杠杆，评估方法应该灵活多样，评估主题和标准应该因人而异，评估不仅要使学生优化他们的身体能力，养成健身习惯，激励终身体育活动，还要增加学生的信心。例如，对先天性肥胖或体重不足的学生的评估标准可以进行调整，防止他们产生自卑感，并引导他们逐步培养自信心和对体育活动的兴趣。

4. 注重体育能力的培养

培养学生的体育能力是学校体育教育和当前学校体育改革的一个重要内容和任务。体育能力是指适应生活和生存需要的能力，特别指对学生适应体育活动和自身学习行为的心理调节，使他们能够成功地利用学习内容进行各科的体育活动，培养锻炼身体的主动性。结合现代社会的特点和体育教育本身的特点，应注意培养以下能力：有意识的运动能力，使学生能熟练地运用在体育教学中获得的知识和技能，培养体育意识，养成终身体育锻炼的习惯；自我评估、自我计划、自我组织、自我指导和自我控制的能力，使学生能了解并准确评估自己的身体状况和活动能力，及时调整和修改训练方法；对自然和社会环境的适应能力。

5. 丰富体育教学内容

由于观念上的问题，长期以来，中国传统体育教学方法的局限性较大，体育教学严格按照学校的教学大纲进行，体育课的内容单一而枯燥。体育教师在绝对的控制下机械地进行教学，学生的积极性和创造性受到严重限制，学生只能被动地服从，最终导致体育课的教学质量整体不高。

现阶段学校体育改革的目的是确保个人在学校有限的时间内学习到体育的基本理论和技能，并能在以后的生活中独立、自觉地参与体育运动，从而确保与终身体育教育的联系。为了丰富学校，特别是高等教育机构的体育教育内容，体育教育应扩大选修课程的范围，采取以下措施：教授更多的互动和有趣的运动，如交谊舞、保龄球、桥牌和滑冰；适当组织具体活动，如篮球、排球、乒乓球、足球和有氧运动；引导学生关注体育热点，教授田径和体操，并为儿童组织体育课程。

6. 改善场地、器材以便开展更多课外体育活动

虽然学校体育课程作为一种正式的活动来传授体育知识和技能，但在课堂上所能传授的体育知识和技能是有限的，需要通过丰富的课外体育活动来补充体育知识、技能甚至是对体育活动的感知和认识。当然，丰富的课外体育活动项目需要有适当的设备来支持。因此，应加强对体育设施和场地的管理，大学应根据院校的规模制定体育设施和设备的标准，以便为学生提供足够的体育活动设备，创造一个有利的环境。可以采取具体方法，普及体育与健康、室内外体育活动等基本知识，提高学生的终身体育意识和参与单项运动的兴趣，为体育活动营造积极、轻松、愉悦的氛围，从而为终身体育营造积极、愉悦的氛围。

（三）“终身体育”教育理念的优化

1. 观念优化

要使学生长期坚持体育运动，首先必须充分认识到体育活动的好处，这是培养学生终身体育活动意识的一个重要方面。体育活动尤其有助于大学生的身心健康、智力发展、适应社会以及学习成绩和生活质量的提升。只有当学生了解了体育锻炼的好处，他们才会愿意自觉地参与体育锻炼，掌握体育锻炼的技能。因此，高校体育教育必须更加重视提高学生对体育活动的认识。

人类生活的核心是意识，它代表了心理发展的最高水平，是心理发展水平的最高体现。作为意识的一个重要组成部分，体育意识指的是人们对体育的认识以及体育实践中所表现出来的意识形态。体育行为是以体育意识为基本原则的。体育意识包括三个方面：体育意识、体育感觉和体育意志。高水平的体育意识是培养良好体育习惯的重要基础。体育教育应以培养学生的体育兴趣为目标，并确保他们正确树立体育观念。

2. 课程优化

（1）课程目标。一个学习计划的有效性取决于其目标。在教授体育课程时，必须明确课程的目标，这是鼓励学生积极参加体育活动的前提条件。在制定体育课程目标时，高等教育机构应客观评估学生的体育认识、体育基础知识和体育技能，并在此基础上制定目标。教师应科学制定教学方法和教学内容，在教学过程中根据课程目标组织教学，然后引入针对性学习。

（2）课程内容。体育课不应该只注重运动技能的教学，而忽视了对学生运动技能的培养和健康教育。学校应开发多功能的综合体育课，将体育教育延伸到课堂，选择更多可能提高学生对体育活动的兴趣和表现其身体个性的课程内容（如健美操、瑜伽、体育舞蹈、网球、跆拳道等），更加关注学生的身心健康，加强体育意识和终身体育技能的培养。

（3）课程评价。在对项目、过程和结果进行评估时，应将显性和隐性的评估方法结合起来，共同使用，以建立一个强有力的评估体系。终身学习的理念摆脱了以往只注重体育技能和能力评估的评价模式，而强调对学习者的态度、兴趣、对终身体育教育的认识、体育习惯和技能的全面评估。建议建立一种新的评价模式，将显性评价和隐性评价方法和谐地结合起来，以有效提高学生学习体育的积极性。

3. 主体优化

体育教育的质量取决于体育教师的教学能力。因此，体育教师必须不断适应时代的要求，调整和发展自己，创造新的教学理念，运用创新、科学、有效的教学方法，才能顺利开展体育教学工作。此外，体育教师要注意自身的专业发展，有意识地培养自己的专业技能，提高专业能力，为学生树立良好的榜样。此外，体育教师要加强学生的自主练习，使学生能独立参加体育课的学习，使学生得到进步和发展。

为了有效地进行体育教学，达到预期的学习效果，成功地实现教育目标，体育教师需要采用以学生为中心的体育教学模式，使用适当的教学方法来启动课程，鼓励学生积极思考，使他们能够自己发现问题并解决问题。为了充分利用这种模式，体育教师需要了解学生的个人情况，认真分析他们的学习问题及其原因，找出阻碍其进步的障碍，并组织具体方法帮助他们解决问题和克服障碍，以提高整体学习效果。

第四节　体育教学设计的优化

一、体育教学设计的基本理念

就体育教学的计划本身而言，体育教学设计这个概念对大多数体育教师来说并不陌生。在开始体育教学之前，教师必须考虑学生的接受能力、教学内容的特点、课程的阶段和目标；在上课时，教师必须监测学生对所教内容的吸收情况；在课程结束时，教师必须评估课程的效果。在制订教学计划时，所有这些因素都需要被考虑进去。本节介绍了教学设计的概念和教学设计的基本概念，以帮助人们更好地理解什么是体育教学的教学设计，以及在规划体育教学的教学设计时应注意什么。

（一）体育教学设计的工作

教学设计是教学发展的前提和保障，也是教育技术领域的一个重要组成部分。由于涉及的因素很多，教学设计是各种科学理论的综合，是用科学、系统的方法来分析和解决与教学有关的问题的一个自主系统，并在一套优化的方法中构成一个全面的、有实际意义的过程和方法。中国对教学设计的研究始于20世纪80年代中期。由于教学设计在教育中具有非常重要的作用，教学设计的原则和方法受到越来越多的关注，许多教育工作者都认真对待并研究教学设计。然而，在中国，对体育课程设计的研究却很少，这一领域的研究仍然限于课程和教师的教案。

体育教学设计是一个多因素的研究和规划过程，需要对体育教育的不同组成部分进行全面分析和深入研究，从体育教育的目的和各层次教育目标的需要出发，研究体育教育各组成部分的特点和作用以及它们之间的联系，以便科学、全面、系统地制定体育教育策略。这涉及一些知识要素，下面将进行讨论。

1. 制定合理的教学目标

学习目标指导学习过程，指明体育教学的方向，规范教师在学习过程中的行为，保证学习目标的成功；同时，学习目标是体育教学的重要组成部分，是衡量学生学习情况的指标之一，是评价教师教学质量的可靠依据。

2. 选用适当的教材

学习材料是教学的基础，是实现学习目标的前提，是教师教学的支持基础。教材的内容通常基于特定阶段学生的生理和心理特征，具有实用性。教材的选择也是教育规划的一部分，在选择教材时，教师需要分析所教学生的特点，选择适合教学的教材。

3. 设计合适的传递媒体

教具的选择也是备课的一个重要环节。体育教材的设计一般受所教知识或技能的特点、教学条件和学生特点等因素的影响，以提高体育教学的质量，保证学习活动的成功。

4. 编排合乎学理的教学过程

教学过程是以科学和有效方式进行体育教学的基础。体育教学比较复杂，因此需要对教学过程进行合理组织。其目的首先是保证教学过程的顺利进行，其次是提高教学的有效性，再次是提高教学过程的科学性，最后是帮助提高教学的质量。

5. 开发有特点的教学模式

从本质上讲，所谓的“特色教学”是一种符合教学规律的教学方法，它能满足教学的实际需要，保证学习过程的科学性，同时促进学习任务的落实。

6. 运用合理的教学技术与手段

适当的技术和学习工具可以帮助学习者掌握内容，因为一种技术和学习工具适应于一类内容。技术和学习工具传递知识和技能，是教学设计的基本组成部分。

7. 设置优良的教学环境

学习环境是整个教学过程的推动力。良好的学习环境是良好教学的先决条件，能够对教学起到积极的促进作用。开展任何类型的学习任务都是支持学习环境的一个组成部分，没有学习环境，学习活动就无法发展。

8. 组织团结互助的学习集体

体育教育与其他学科的不同之处在于，它注重教学的实践性。因此，为了达到充分有效的学习效果，教师一般需要组织集体活动，以提高学生的学习热情，并培养他们的集体意识、凝聚力和社交能力。因此，在设计体育课程时，组织有凝聚力和激励性的学习团体是很重要的。

9. 制定适当的评价方法

评价提供了对教学过程的反馈，使学生和教师能够清楚地发现教学过程中的差距，以便及时做出改变和改进，保证教学质量。适当的评估方法可以对教学过程中的基本要素进行科学评价，并有效地反映出教学中的不足之处。因此，制定适当的评估方法在教学过程中起着重要作用。

可见，体育教学设计几乎涵盖了体育教学法的所有内容。因此，体育教师应根据实际内容确定相关问题，开展体育教学规划工作，并将体育教学规划工作应用于实践中，确保教学活动的落实。

（二）体育教学设计的概念

体育教学设计实际上是针对整个体育教育系统的具体规划活动，其主要目的是解决体育教育问题。它是规划的一部分，但要确保规划过程符合体育教育的规律。

体育教育是指在体育教师的领导和指导下，对学生进行体育教育的一系列手段。体育教师最重要的行为是说明学习过程，鼓励、激励和指导学习过程，以及管理和组织课堂。通过这些行为，体育教师有计划地组织学生学习应掌握的体育知识和技能，并促进学生道德品质和态度的形成和发展。因此，体育教育是一个系统的、整体的教与学的过程。为了保证学习目标的实现，教师首先必须从整体上考虑学习过程：如何帮助学生掌握所学的知识？应该如何整合和组织教学内容？应该达到什么样的教学水平？

从以上对体育教学特点的分析可以看出，制定体育教学计划就是用系统的方法辩证地分析体育教学中遇到的问题，了解体育教学的内容和学生的特点，以确定适当的教学内容。在体育教学过程中，要用系统的方法辩证地分析体育教学过程中遇到的问题，了解体育教学的内容和学生的特点，以便确定适当的体育教学目标，针对体育教学中遇到的问题制定关键的解决方案，并对体育教学的结果进行评价。因此，体育教育强调创造性地利用现有的体育教育法规来解决体育教学过程中出现的问题。

（三）体育教学设计的特点

体育教育设计与体育教育理论，如体育教育学、体育教育方法论和体育教育教案之间存在着区别和联系。体育教育学侧重于学习过程中与学习目的、目标、作用和原则有关的理论知识，为教学的发展提供理论指导；体育教学法侧重于对体育教学方法的详细深入研究，为发展体育教学提供科学的教学方法依据；体育教案是体育教学前的教学实施计划。它们是体育教学的重要依据，也是备课的内容之一。

从以上对体育教学法、体育教学方法和体育教案的讨论中可以看出，体育教学设计具有以下特点。

1. 体育教学设计的系统性

体育教学设计需要在分析论证当前教学问题的基础上制定体育教学目标，然后根据体育教学目标规划体育教学环节，保证教学目标、教学策略和教学评价的一致性。体育教育的系统性还表现在，体育教育规划以体育教育的整体活动为基础，在教学过程中，每一个学习环节都是对其他环节的补充和促进，从而提高体育教育的整体影响力，可以保证体育教育的整体系统性，有利于实现体育教育影响力的最大化。

2. 体育教学设计的灵活性

虽然根据法律和既定的教育程序，体育教学设计有一定的实施模式，但由于一些不确定因素，体育教学设计的实际过程很难遵循，有时无法落实规划中确定的所有步骤。例如，教学设计需要分析学习过程，但在中国，体育教育是基础教育的一部分，国家教育决策机构制定的体育课程标准与国家体育教育实施目标是一致的，所以学校在制定教学设计时不需要指望社会来分析其需求。

在体育教学设计时，应在分析体育教学情况和特点的基础上，灵活决定体育教学过程的起始点。这样才能保证体育教学计划的科学性和实用性，消除不必要的工作，提高体育教学的效果。

3. 体育教学设计的科学性

体育教学设计是正确实施体育教育的前提。一方面，体育教育是通过人体肌肉群的运动促进学生心理的不断成长和变化并最终实现教育目标。另一方面，目前强调体育教育的持久性。可见，体育教学设计是一门科学，其本质是步骤和内容的有效性和科学性。

体育教学设计的科学性尤其体现在以下几点：一是体育教学设计考虑到学生的兴趣和学习过程的基本规律；二是体育教学设计以真实的学习为基础，科学选择体育教学的目标和内容，制定有针对性的学习；三是体育教学设计采用系统的科学方法来分析体育教学的质量。

4. 体育教学设计的艺术性

在制定体育教学计划时，教师需要根据教学内容、学生的生理和心理发展、教学目标和不同的学习环境，还需要考虑自己的教学经验和对体育教学的独特看法。这使得课程具有创新性、创造性和层次性，有助于学习目标的实现。这种课程设计能够给人以美的享受，激发学生的学习兴趣，充分挖掘学生的学习热情，提高学生的心理和身体素质，提升学生的审美价值，是体育课程设计优秀性的主要体现。

一般来说，体育教学设计具有系统性、灵活性、科学性和艺术性。以这些特点作为设计目标，可以保证教学设计的实施以科学理论为指导，以教学设计的系统性为基础，不断提高体育教学设计的水平，充分挖掘体育教学设计的灵活性和艺术性，不断创造完美的体育教育，最终成为完美的体育教育。

（四）体育教学设计的基本理念

受传统体育教学方法的影响，许多体育教师习惯于采用“讲授—示范—模仿—练习”的教学方法。但是，这种教学方法主要以教师为中心，没有考虑到学生的主体作用，所以信息传递过程比较枯燥，学生在学习过程中容易产生厌烦情绪。这样机械的学习过程不仅导致学生身体疲劳，而且使学生焦虑、烦躁、痛苦。随着体育教育改革的深入，《义务教育体育与健康课程标准》确立了新的体育教育理念。重点是尊重教师和学生在学习内容、教学方法、教学评估的多样性和培养学生的体育活动习惯方面的选择。

现代教育理论表明，任何教育形式的主要表现形式都是学习活动，而体育教学中的学习活动与其他学习活动相比具有特殊性。如果仅仅依靠书本和别人的示范，没有个人的实践参与，是不可能取得良好的学习效果的。《中国卫生与体育课程标准》指出：实践活动、自学和交流是对学生进行体育教学的重要方式。在体育教学中，教师应特别注意教学因素，鼓励学生积极参与、反思和实践，以培养全面、综合的人才。

由于体育教学的目的和要求在不断变化，教师也应把学习目标作为制定体育教学计划的出发点，更新备课理念，使备课与现代学习目标相一致。体育教育备课的理念整合如下。

1. 创设游戏情境，激发学生的学习兴趣

在体育教学中，如果教师根据学习目标、学生特点和教学内容，创设适当的体育活动情境，以游戏或竞赛的形式呈现学习内容，可以提高学生的学习兴趣，激活学生的主观创造性，丰富学生的智力生活，从而促进学生主动学习。例如，教师在教授学生篮球知识和技能时，可以根据篮球规则将学生分成两组，让他们进行竞争性练习，这样可以吸引学生的注意力，激发学生的兴趣。这样一来，教学过程就变得新鲜起来，吸引了学生，使他们能够积极地参与到学习活动中来，这有助于提高教学效果。因此，教师在编写教材时应注意创造游戏化的情境。

2. 创设操作情境，培养学生的自主能力

学习是学习者获得知识和技能的过程。在学习过程中，学习者学会了如何学习，学习是根据他们的思维和认知发展规律来组织的。现代教育理论强调让学习者参与教学过程的重要性，而不是让他们成为学习的“证人”。因此，重要的是提高学生对体育的积极性和参与度，以便将其置于核心学科的地位，从而有助于更好地吸收相关的教学知识和技能。例如，当向学生介绍某项运动的规则时，如果用传统的教学方法教他们记住这些规则，他们就很难学会所有的规则。但如果每个球员在比赛中用心学习规则，由外部球员充当裁判，或者用视频向学生解释规则，就有可能事半功倍。事实上，在这种教学模式下，学生别无选择，只能处于事件的中心，并将每条规则与体育比赛的各个阶段联系起来，这就增加了知识的接近性，有利于对相关教育内容的吸收。因此，教师必须把重点放在创造操作情境和发展学生的独立学习能力上。

3. 创设问题情境，培养学生的探索能力

教学过程实质上是教师和学生合作探索活动，共同发现学习问题，创造解决问题的方法，并最终找到解决问题的途径。因此，在教学过程中，教师要善于从新知识中发现问题，通过创设一系列问题情境，在教学中呈现新旧知识之间的矛盾，使学生意识到问题的存在，从而提高学生解决问题的积极性，鼓励学生积极参与问题的讨论和探索，引导学生在探索中不断发现问题、解决问题。例如，教师在教学生做立定跳远时，首先向学生提出几个问题：青蛙是怎么跳的？青蛙在地上的位置是什么？学生们先模仿青蛙的姿势来练习立定跳远，然后选择其中一些来表达自己尝试后的感受。这种问题式的教学方法激发了学生的兴趣和探索意愿，提高了学生的学习积极性，鼓励学生探索教学方法。这样一来，创设问题情境可以培养学习者的研究能力。

4. 创设交流情境，培养学生的合作精神

小组合作学习是一种有效的教学形式，它采用鼓励学生参与的活动，关注学生个体；它还有助于改善学生之间的交流，使他们能够了解彼此的长处和优点。同时，小组活动可以培养学生的合作精神和团队精神。因此，教学过程要想取得成效，就要根据教学内容和特点，有计划地组织学生进行讨论，为他们提供一个有利于交流的环境，培养他们独立思考的习惯，创造一个能让他们表现自己、发展个性的环境。

例如，学生在学习空中跳远时，将他们分组，让他们自由讨论，在合作中相互启发，形成更好的思路和方法。这种教学方法不仅可以帮助个人思维转化为集体智慧，而且在上课时，学生之间的交流和讨论会增强集体的凝聚力，提高学生的人际交往能力；分组还可以激发学生的集体荣誉感，使学生在合作中积极动脑动手，帮助提高学习效果。因此，在制定体育教学计划时，必须创造一个合理的沟通局面，鼓励学生的合作精神。

5. 创设生活情境，培养学生的实践能力

体育是人们日常生活中不可或缺的一部分。也可以说，生活中充满了体育。因此，教师在规划体育课时，也应遵循促进其融合的原则，让体育课贴近生活，让学生感受到真实，帮助学生发现体育的价值，提高体育知识和技能，增加学生的实践能力。因此，在设计体育课时，应尽量创设生活情境，让学生体验生活原型，再现生活事实，激发学生的学习热情。例如，在教学生投掷重物时，教师可以先让学生模仿日常生活中投掷重物的方法，然后纠正学生在投掷过程中的动作，最后让学生徒手练习标准动作。通过创设这样一个生活化的情境，消除学生对新信息的紧张感，使他们乐于参加投掷重物的练习，并通过练习学会正确使用力量，建立正确的投掷姿势；同时，学生可以更好地理解所学，拓宽他们对体育价值的认识，意识到体育知识可以用来解决生活中的实际问题。教师也可以培养学生对体育价值的理解，让他们意识到自己是在用体育知识来解决生活中的实际问题。因此，在计划体育课时，教师应注意创造生活情境，培养学生的实践能力。

二、体育教学设计的评价与策略构想

随着我国素质教育的全面推进和体育教学改革的深入，大多数体育教育工作者更加重视体育教学规划，决定参与体育教学研究，运用自己的实践经验和积累的知识，结合现代教育的发展趋势，创造各种新的教学模式。本节重点讨论体育教学中的教学设计和构思策略的评价，以便为大多数从事体育教学的人提供更多的教学设计和构思策略的方法和思路，为提高教学质量作出贡献。

（一）体育教学设计的评价

经过多年的体育教学研究，笔者认为，无论体育教学如何改革，模式如何创新，体育教学的评价都不会超越三个层面：教学计划、课程执行和教学效果。就这三个层次在体育教学中的作用而言，教学计划是体育教学中最重要的部分，它是体育教学的基础，是教师对教学活动实施的预测和设想。体育教学过程的计划性越好，就越有可能取得成功。因此对体育教学设计的评价应从以下几个方面进行。

1. 教学活动的目的性

任何教育活动只有在明确的教育目标的指导下才能系统化。规划体育教育目标是规划体育教育的一部分。在评价体育教育目标时，首先要问的是体育教育目标是否能在学习内容和时间的组织上突出重点，体育教育目标是否能根据学习内容、教学方法和设备的选择所显示的学生特点，使学生克服学习困难，体育教育目标是否有助于在学习内容的整体性和多功能性方面渗透德育。

同样重要的是，考虑学习目标的设定是否考虑到了学生的特点，包括他们的身体状况、发展需要和接受能力。随着学生的成长，他们的心理和生理特征的各个方面都会发生变化，因此，教学内容、目标和教学方法都需要相应的调整。因此，体育教学目标的制定应充分考虑教学目标的实用性，应根据学生的特点和学习内容将其分为不同的层次。

体育教学目标过高或过低，学习任务过难或过低，或者没有根据学生的具体情况分配学习任务，不符合实际需要，不利于学生的学习，这样的学习计划不利于提高教学质量。[1]

2. 教学过程的完整性

学科教学是一个整体的过程，是所有教学活动的基础。体育课是一门对实践要求比较严格的学科，因此对教学过程的完整性要求很高，教学过程的完整性是衡量体育教学设计是否优秀的标准。

体育教育过程一般由三个主要阶段组成：准备阶段、主要阶段和最后阶段。它们贯穿整个体育教育过程。对体育教育过程完整性的评价，主要取决于这三个主要阶段之间是否存在着科学的逻辑。

（1）体育教学的准备部分。体育教育的准备工作是体育教学的基础，有效的体育教育取决于充分的准备。体育教学的准备环节实际上就是在教学前调动学习者的学习动机、体育知识和技能、身体系统功能和学习经验的过程，使学习者做好准备，在学习过程中为掌握知识和技能做好准备。因此，在这个阶段对学习者的准备决定了学习者是否理解学习目标，是否对与

[1] 夏越．现代高校体育教学研究著［M］．北京：北京理工大学出版社，2019.

体育教育相关的知识和技能有足够的兴趣，以及课堂活动是否有助于所学知识和技能之间的联系；准备的有效性决定了学习者是否有学习的动机和意愿。

（2）体育教学的基本练习部分。体育教育的基础部分实际上是以体育教育的内容为基础的。这是解决体育教育目标和实现体育教育目的的实践阶段，也是最基本的阶段。在这个阶段主要有两点需要评估。

第一，教师对学习材料的理解和处理能力，以及在教学过程中引导学生学习的思路和方法，是否与学生的身心发展相协调，是否能够激发学生的思维和创造力。

第二，教师制定的学习目标和方法是否符合学生的生理和心理发展需要，是否能够满足现代社会的一般体育教育要求，是否能够满足所有学生的发展需要。

（3）体育教学的结束部分。体育教学的完成，实质上就是教学任务的完成，包括对教学效果的评价、新目标的制定和教学任务的组织。因此，衡量体育教学成果的标准是学生是否在学习的同时身心得到发展，在完成学习任务的同时享受体育活动的乐趣，对实际的教学需求做出合理的判断，并促进良好学习习惯的养成。通过在体育课结束时提供直观的成果展示和及时的反馈，好的备课可以巩固所学内容并激发进一步的学习，帮助学习者养成良好的学习习惯并实现关键的课程目标。

3. 场地、器材布置的合理性

场地和设备是上好体育课的前提和基础，以及物质保证。合理分配和使用场地和器材，是教师对场地、器材、学生特点和学习内容充分了解的基本标志。在这种情况下，体育教师只有充分了解设施、设备、学生特点和学习内容之间的关系，才能充分利用体育设施和设备，合理地组织体育教学任务，保证学习活动的顺利进行。因此，设施设备组织的合理性也是体育教学设计评价的一部分，这也是评价体育教学科学性的标准之一。

（二）体育教学设计的策略构想

随着人们生活方式的演变和社会发展的现状，体育活动正逐渐成为人们关注的焦点。体育教学设计是体育教育中最重要的环节。随着我国体育教育研究的深入，许多教育工作者也加入体育教学设计的研究中来。笔者在多年体育教育研究的基础上，提出了体育教学过程设计的战略构想，以指导大多数体育教育工作者进行教学过程设计。

1. 体育教学设计策略的概念

体育教学设计的策略是对教学过程中的各种因素，如教学方法、技巧、形式和手段等进行整体考虑，以实现具体的体育教学目标。教师在制定体育教学计划时，首先要根据义务教育课程中有关体育与健康的五个领域的目标，以及体育教学各方面的具体情况和内容，灵活选择和规划体育教学方法，以达到促进学生成功实现学习目标和身心健康发展的目的。

2. 体育教学设计的策略研究

任何一种课程的开发都有一定的规律，通过多年的体育教育研究，笔者了解到，体育课程的开发也有一定的规律，这些规律必须由体育教育研究者不断研究，才能最终开发出科学合理的课程。为了让更多的体育教育研究者了解体育课程开发的内涵和概念，促进课程开发，下面对体育课程开发的内涵进行简要说明。

（1）理论认识有助于提高教师的意识。体育教育本质上是实践性学习，要求学生移动和修改身体的肌肉，以完成身体动作。体育教学的设计也应坚持“以人为本”的原则，使学习过程中的运动任务符合人的行为规律和运动技能的形成规律。在设计学习过程时，应根据不同学生的身体差异，组织合理的学习内容、科学的教学方法和适当的学习目标。此外，还应根据学生的年龄选择不同的内容和教学方法。然而，从体育教学设计的现状来看，许多教师只依靠自己的教学经验来制订教学计划；有些教师还因为缺乏教学经验而借用其他教师的方案，没有考虑到学生的特点。造成这种情况的主要原因是，教师认为如果他们开发的课程符合他们的教学理念，教学方法是创新的，学习内容符合课程的要求，那么就是好的教学。然而，这种说教式的教学方案在实际教学中并没有产生预期的说教效果。中国体育教学质量与目标之间存在差距的主要原因是教师在教学计划中忽视了对人类运动发展以及运动任务与体育活动之间关系的研究。体育教育的对象是学生，所以在教学计划制定过程中要研究学生的特点和运动发展规律，要根据研究结果进行有针对性的计划。同时，教学设计还必须尊重学生的正常认知规律，适当考虑不同学习要素之间的关系，充分考虑教师的主要作用和学生的主要作用，并能促进两者的有效结合。

（2）设计因素的系统化将提高教师的设计能力。如今，随着体育教育在世界范围内变得越来越重要，中国的体育教育研究者也越来越多。然而，在这一时期，中国的体育教育研究主要集中在学习目标、教学方法、学习内容、教学评价和学生特点等几个方面。

规划教学目标是备课的关键。在传统的体育教学中，教学目标的制定比较简单，制定目标的思路也比较清晰，只能根据体育课程的要求、体育教学的物质条件和学生的特点来进行。但是，随着新课程的推行，我国对体育教学的要求越来越严格，使得体育教学目标的制定难度大大增加。目前，体育教学目标的制定是新课程理念的一部分。因此，如果教师在制定教学目标时不能充分理解新课程的理念，制定的教学目标与实际教学之间就会出现差距，不利于体育教学的发展。教学目标的设计应考虑到学生的发展，以健康和体育课程的目标为基础。为了促进这些目标的实现，教学目标可以根据教育水平的不同分成几个要素，如课时目标、单元目标和学期目标。在确定教学目标时，还必须确保每个层次的目标之间有区别和联系，例如，一节课的教学目标只是该节课要完成的任务，而几节课的教学目标构成一个单元的教学目标。然而，目前在课时目标的定义上还存在空白，例如，学生在课上应该做什么？他们在什么基础上可以实现这些目标？如果课程内容与现实中的教学目标不一致，就会导致学习过程中的混乱。因此，在制定学习目标时，应认真考虑学生的发展规律、身体状况和健康水平，并对学习过程中的教学经验进行不断总结和积累，最终制定出合理的学习目标。

分析学生的初始技能是备课的先决条件。学生的初始技能实际上是他们当前的知识水平、运动技能、身体状况、心理发展和学习的心理准备。如果在学习过程中高估或低估了学生的知识和技能，教学就会失败。在计划过程中，没有教学经验的教师往往从自己的角度分析学生的情况，确定内容和目标，如果目标没有达到，就责备学生。然而，如果我们考虑到学生的发展模式，他们就确实没有能力完成这一教学任务。相反，有些有经验的教师可以轻松应对备课的挑战。这是因为，除了经验之外，他们还知道分析学生学习的重要性，知道对每个学生使用什么方法，以便制定合适的课程。在备课时，首先要对学生的情况进行科学分析，比如在备课前画出学生地图，根据地图对学生进行分组，并根据学生的学习能力和初始体能水平合理安排课程内容。这样的备课有助于不断提高学生的体育知识和技能，增强学生对体育的兴趣，提高教学质量。

内容的选择是课程规划的基础。内容是教与学的前提和基础，也是形成学习过程的关键因素。义务教育阶段的健康和体育课程结构涵盖了广泛的教学方法，包括活动、体育教育和运动教育。活动并没有明确规定什么是适合特定年龄或年级的，也没有指出学生应该学习的具体内容或应该达到的标准。因此，一线教师无法科学、系统地选择合适的体育教学内容，导致课程开发的失败。在计划课程时应该如何选择内容？开发课程内容的出发点应该是提高学生的学习兴趣，尊重运动规律和学生的认知发展。但需要注意的是，在设计教材时，不应避免引入兴趣理论，因为仅靠提高学生的学习兴趣是无法实现体育教学目标的。因此，重要的是能够发挥教师的主动性，以积极的方式对待内容的选择，利用学生在运动方面的“近似发展区”。在没有内容标准的情况下，重点应该是把几个要素结合起来，使学生自己主动去学习，在运动中发展他们的思维能力，并为实现教育目标作出贡献。

传播媒介和教学方法的使用是教育设计的一个组成部分。交流手段本质上是学习者在教育过程中用来传递知识和技能的工具或手段，是学习者与知识和技能之间的纽带。如果传播手段选择不当，就不能达到预期的中介效果，体育教育的质量就会受到影响。在选择媒体时，首先应考虑它们是否能有效地传递教育信息。媒体应该呈现最适合不同认知模式的教育刺激，这是媒体选择的关键因素。从上述媒体的选择中可以看出，“有效”“适当”和“刺激”这三个关键词应该指导媒体的选择，因此，教育媒体的刺激作用就是教育工具的作用。刺激是教育工具的一种属性。在教学中，教师利用教育媒体，通过听、看等感官刺激，激发学生的学习兴趣。然而，应该强调的是，并不是所有的体育教学内容都需要使用学习工具，教师在这方面必须有所选择，要考虑到学生的特点、学校环境、教学内容和自己的水平。教学方法实质上是课前教学活动过程中为实现既定教育目标而采用的一系列手段和技术。最合适的教学方法根据学习内容和学习者的水平而有所不同。然而，由于主动代理的局限性，目前的现象是，体育教学方法的发展紧跟潮流，有些教师甚至在没有充分认识到教学方法的重要性和范围之前就进行模仿。分析和研究近年来我国体育教学方法的发展，除了为学生制定不同的教学方法和教学内容外，还必须保证教学方法符合教师的实际功能需要，避免根据教师的水平和对教学实际的掌握程度来选择教学方法的盲目性。

教学评价的反馈是备课的保证。新标准强调了教学评价的重要性，认为它是检查教学效果的手段，是提高教师教学水平的主要途径。可以看出，教学评价是教学的一个非常重要的组成部分，它可以对教学目标的有效性、教学过程和教学方法的选择起到反馈作用。在教学过程中，教师可以通过教学评价来检查教学的有效性、教学目标的恰当性、教学方法选择的有效性、学习内容的制定与实际教学需要的相关性以及教学过程是否存在改进的机会。教学评价是一个双向的过程，它明确了学生学习的方向，并始终为教师提供有关教学过程的动态信息，帮助他们及时调整教学实践。

体育教育领域的一些专家和研究人员坚持认为，教学设计本质上是对教学过程的预先确定，具有一定的不确定性。教学设计评估的作用是及时发现这些不确定因素的负面影响，使教师能够根据环境的变化调整教学方向，最终保证体育教学的效果。及时评估是体育教学最重要的计划手段之一，因为体育教学过程相对复杂，不可避免地涉及许多不确定因素，需要在评估中加以考虑。及时评估可以帮助教师预防和解决学习过程中不可预见的问题，便于课后及时反思，及时调整学习过程，有助于学习目标的实现。

第四章 体育教学模式改革与创新

教学模式是一种具有适当结构和功能的教育活动模式，根据某些原则制定。它是一套从理论概念到应用技术的策略和方法，是计划、组织和调节教学活动的方法体系。教学模式的更新和创新是体育教育发展的基础，本章即针对体育教学模式进行一定的探讨。

第一节 体育教学模式理论与发展

一、体育教学模式的概述

（一）体育教学模式的概念界定和结构

1. 教学模式

“教学模式”一词最早是由美国研究人员乔伊斯和威尔提出的。他们认为它是试图系统地研究学习目标、教学策略、课程和材料以及社会和心理理论之间的相互作用，以探索可能形成教师行为的各种替代范式。

关于教学模式中国有几种观点：结构理论、过程理论、策略理论、方法理论等。从我们的角度来看，它们的相似之处在于都提到了学习模式的持久性，但它们的不同之处在于，一种定义将学习模式定义为某种“结构”，另一种则将其视为某种“方法”。

因此，为了揭示学习方法的本质，我们必须从其最高概念“空间”开始。模式的概念包含了人类行为的两个方面：对事物的持续理解和对事物的持续行动，前者构成了理解的模式，后者构成了方法的模式。因此，理解的模式和方法的模式应该是教学模式的两个基本含义。

2. 体育教学模式

我们对体育教学模式的概念定义如下：体育教学模式是一种有效的教学

结构和框架，它包含了特定的体育教育理念，并在特定的教学环境中运行。教学模式是对教学经验的系统综合。教学实践是教学模式产生的基础，但教学模式不是简单的个人教学经验的代表。同时，教学模式被视为理论与实践之间的桥梁，既是教学实践的指导，又是两者之间的支持和中介，以促进新的教学理论的产生和发展。根据教学模式的概念，与其他学科的教学相比，体育教育的教学是一个更复杂的教学过程。它与学习过程、游戏过程、实践过程等密切相关。学习的规律、体育教学的规律、技能训练的规律、竞争的规律等等，都是必须尊重的规律。体育教育模式必须体现这些方面。

3. 体育教学模式的结构

体育教学模式的构成要素主要有五种，详细内容如下。

（1）教学思想。教学思想是构成教学模式的核心因素，也是其灵魂所在，体育教学模式构建时所应具备的理论和思想就是教学思想，也可以理解为，教学模式是需要以教学思想为理论支撑的，不同的教学思想理论会构建不同的教学模式。比如，1980 年我国构建的愉快教学模式就是以同时期学生的实际需求为基础的，提高了学生的参与度，激发了他们的参与热情。与此同时，还助于他们养成终身体育的良好习惯。

（2）教学和学习目标。体育教育模式是为了促进学习目标的实现。如果没有学习目标，体育教育模式的存在是没有意义的。通过体育教学模式可以实现的教学效果是体育教师对某一特定学习活动对学生的影响的预测。体育教学的特殊性体现在学习模式所围绕的学习目标上，这些目标同时也是对学习模式的其他组成部分的约束。

（3）操作程序。操作程序是指与教育活动相关的背景和过程。在体育教育中，按时间顺序排列的逻辑步骤和每个步骤的具体实施方式是功能程序。无论学习的形式如何，功能程序都是独一无二的。此外，它们并不是固定不变的，而一般是相对稳定的。

（4）实现条件。实现条件是对操作程序的补充，主要就是教学模式中具体使用的方法和策略。实现条件主要有人力、物力和财力三方面的内容。进一步来说，也可以理解为教师与学校、教学内容与时空以及学校所具备的设施设备等。

（5）评价方式。不同的教学模式适应不同的教学目标，并且在使用的程序和条件方面也是不尽相同的。所以，每一种教学模式都有与之相对应的评估准则和方法，并且相对应的评估准则和方法都是独立存在的。在实际的教学过程中，是不会采用完全相同的评判准则的，因为完全相同会造成评估结果缺乏合理性和科学性。

（二）体育教学模式的特点和功能

1. 体育教学模式的特点

对体育教育理论和实践的广泛研究导致了不同体育教育模式的发展。虽然有许多不同的体育教学模式，但它们都有以下五个主要特点。

（1）整体性。学习方法是由学习思想、学习目标、学习方法、实施条件和评价五个要素组成的有机整体，必须从整体上理解其理论原则。

（2）简化性。教学模式是一种简化的教学结构理论模型，被称为微型教学理论。

（3）功能性。学习模型区别于一般学习理论的一个重要特征是有效性。

（4）稳定性。创建体育教育模式实际上是为体育教育过程创建一个新的结构，因为它是一个结构，所以它必须特别稳定。

（5）开放性。一种教学模式形成以后并不是就一成不变了，而是要在实际的操作过程中不断加以修正、补充、完善，使其针对性更强。

2. 体育教学模式的功能

体育教学模式主要有以下的功能。

（1）调解功能。体育教学模式的中介功能在于，它不仅是特定的体育思想理论的具体体现，而且可以为体育教师提供具体的方法和策略。教学模式是连接理论研究和教学实践的桥梁。

（2）调整和反馈功能。实践是唯一的试金石。根据具体的学习条件、环境和特定的教学导向思想而组织的体育教学方法，最终要在实践中得到检验。

（三）体育教学模式的建构特性

近几年来，体育教育理论发生了变化。在当前的体育教育改革中，一个重要的任务是在不同的教学思想指导下，对不同的教学方法和策略进行比较和分析，选择最合适的教学方法，以达到最佳的教学效果。构建教学模式有一定的基本规则和要求。就其形成过程而言，它既包括理论的具体化导致实践的过程，也包括经验的概括化导致认知的过程。这就是它与目标、想法和一般工作计划的不同之处。它是相对稳定的，但也是不断变化的，这就造成了模式的多元化和多样性的局面。

新型体育教学法的特点：近年来，由于对教学法的普遍重视，各级体育教学法的书刊很多，有的还在研究和实验中，有的甚至是对其他教学法的简单改写和移植，这在教学法研究过程中是不值得支持的。新的体育教学模式的构建体现了以下特点。

（1）新颖性和独特性。体育教学的理论和思想是体育教学的灵魂。

（2）稳定性和发展。稳定性是衡量一个教育模式是否成熟的重要标志。一个教育模式要达到成熟，必须有相对稳定的理论基础和政策。

（3）多样性和灵活性。多样性和灵活性是当代研究和学习模式发展的一个主要趋势。

因此，在制定新的课堂教学模式时，应注意把连贯性和灵活性结合起来，以形成新的多元化的课堂教学模式，构建体育教学模式的基本要素。体育教学法有别于其他教学法，具有相对稳定的教学结构。这些要素是构建体育教学法的必要条件，缺一不可。

改革后的教学模式至少应包括以下主要内容。

（1）教学目标。教学目标是教师对教学活动对学习者可能产生的影响的评估，是计划体育教育和体育课程教学活动的出发点和目的。教学目标应考虑到学生的智力和非智力因素的发展。

（2）操作程序。成熟的学习模式有相对稳定的操作程序，这也是学习模式的主要特点之一。学习程序由易到难、由简到繁、由初级到复杂的发展，可以适应不同层次的学生，激发学生对运动的兴趣。

（3）性能条件。没有哪个学习模式是万能的。有的只适合于某种类型的课程，而有的则适合于许多不同类型的课程。不应该迷信任何教学模式，需要相应地改变和调整教学风格，以发挥自身优势。

二、我国新型高校体育教学模式的建构

（一）新型体育教学模式的理论基础

1. 新型体育教学模式的现代课程论基础

教学是课程的一部分，所以教学模式的建立应以特定的课程理论为基础。

（1）使体育课程的目标多样化。体育课程的目标不仅包括以提高身体素

质和健康水平为主要目标，而且在强调学生个性和创造性发展的同时，注重提高学生的体育素养，支持德育教育的融入，鼓励学生在体育课程的具体内容上的合作精神。体育课程不仅要完成在学校教育中教授和发展学生的体育知识和技能的作用，还要塑造学生的体育技能、兴趣和习惯，为他们终身参与体育活动打下基础。

（2）课程内容应以学校体育核心领域的需求为导向。随着社会的发展，学生的体育需求也越来越多样化。课程内容只有满足学生的需要，才能激发学生的兴趣，形成稳定的心理状态，实现终身体育教育。首先，应重视提供终身学习的体育知识，主要包括体育活动、健康、体育教育和评估等方面的基本信息。其次，应重视有关于竞技体育的教科书。

自 20 世纪 60 年代以来，课程理论出现了两个全球性的变化：一是以学科为中心的课程理论。二是人文主义的课程观。我国体育课程中的体育、技能和技术的理念是以学科为中心的体育课程观的体现，至今仍影响着体育课程的改革。这种影响体现在以下几个方面。

（1）以新的体育教育模式为目标。教学目标影响着课程目标，没有新的课程目标就不可能有新的教学目标。新的体育教学模式的目标不仅包括与运动技能有关的目标，还包括与情感、态度、技能和个人发展有关的目标。

（2）新的体育教育模式的价值取向。强调的是所有学生的全面发展和个人发展的结合。学生的发展离不开对体育教学内容的学习，学生通过体育教学得到发展。

（3）新体育教育模式的课程设计思路。基于问题的课程设计模式构成了一个新的体育教育模式的设计模型的基础。问题来自学生的发展需要和课程的需要。课程设计涉及学生作为整体的个体，通过解决问题来学习掌握学科内容。

2. 新型体育教学模式的现代教学论基础

教育理论有很多流派，如探究和发现理论、情感互动理论、认知理论和建构主义理论。以下是对其中一些观点的总结，这些观点有助于构建新的体育教育模式。

根据建构主义教学观，教学的目的是充分发展学生的主动性、独立性和创造性，教学的目的之一是培养“将知识应用于现实世界的能力”。换句话说，就是要让学生学会学习，能够调节自己的学习。与以往的教学理论相比，建构主义强调内部生产而不是外部输入，强调“个人”而不是“社会”

学习，强调“无背景”而不是“与背景相关”的学习。从无背景学习到与背景相关的学习。当代学习理论和新的体育教育模式中所有理论的共同点都是对“主体性”的追求。学习者的自主性是指学习者的自我意识和自我效能，包括自尊、自爱、自信、自决、现实的自尊、积极的自我概念和积极的自我调控。创造力是学生在发展的高级阶段的主动性和自主性的体现，包括创造性意识、创造性思维和亲手制作的能力。教师的教学是外部因素，学生的学习是内部因素，外部因素影响内部因素。尊重教学的多样性是使教学对每个学生都有用的唯一途径，也是把学生放在第一位的唯一途径。❶

（二）新型体育教学模式的性质与设计式改革

1. 体育教学模式的基本属性

在综合以往各种研究的基础上，提出了体育教育模式的某些基本特征：理论性、稳定性、直观性和可评价性。

（1）理论性。这意味着任何成熟的体育教育模式都必须反映某种指导体育教育的意识形态，是某种反映学习过程的理论的教学方法。

（2）稳定性。一个体育教学模式的确立实际上是一个新型的体育教学过程结构的确立，既然是结构，就必然有相当的稳定性。

（3）直观性。直观性也可以说是易用性，任何新的幼教模式的建立都意味着它与以前所有的幼教模式不同。这使我们能够评估这种教学模式是否是基于特定的教学顺序和学习过程的独特组织。

（4）可评价性。可评价性是指任何相对成熟的教学模式都应该有一套反映整个过程的评价方法体系。因此，任何教学模式都应该能够为应用该模式的教师提供明确的教学评价，不仅是对教学模式的理解，还是对教师的承诺、意识和学习能力的系统评价。

2. 新型体育教学主导模式的设计思想

在实践中，我们发现，与学生主体性相关的学习，特别是自我意识的形成，总是从控制他人到自我控制，从无意识到有意识，从缓慢提高到自我控制的一个飞跃。教师应帮助学生学会设定明确的、可实现的学习目标，制定切实可行的学习计划，提供反馈信息，调整计划行为，使之成为自我意

❶ 杨艳生．体育教学改革与创新实践研究［M］．长春：吉林人民出版社有限责任公司，2021.

识，并创造一个环境，使学生的自我监督和自我评估能力得到提高。

体育教育改革的新模式应具有以下特点。

(1) 教学的指导思想应是将社会所需的体育教育与幼儿所需的体育教育相结合，以达到通过体育教育满足社会需要和促进个人发展的和谐统一。

(2) 在学习目标上，我们注重 21 世纪学生的人文、生理和心理发展需求，以促进学习者能力的发展。

(3) 将运动客观理论的思想逐步融入教学方法，让学生充分体验运动学习的乐趣；帮助学生理解并充分参与到学习过程中；改变教师以往规律性、统一性、被动性和机械化的做法；提供个人化和个性化的主观学习方法；根据学生积极的现场学习情况对其进行评估该课程的目的是使学生能够现场学习，充分发展他们的个性，发展他们的技能，让他们学会运动。

(三) 体育教学模式整体优化研究

1. 体育教学模式整体优化的原理和原则

系统论的全局优化原则：根据系统论的思想和观点，任何事物或过程都不是无序的、随机的一堆，而是由不同部分组成的自然有机整体，其全局功能大于各部分功能之和。整体优化包括以下两个原则。

(1) 全面性原则。从全面的角度来审视 EP 模式，有助于我们科学地理解模式的结构和教育实践中各项活动之间的联系。

(2) 整合性原则。体育教育内容的提供和体育教育目标的实现是以体育教育的初级模式为基础的。

2. 体育教学模式整体优化的内容

体育教学模式的结构受教学思想、教学内容、教学方法、教学手段、教学条件等诸多因素的影响。在众多因素中，教学内容被选为许多体育课程教学模式的逻辑起点和优化手段。

(1) 根据不同的教学思想，优化体育教学方法。体育教学思想支撑着体育教学方法的发展。不同的体育教学思想赋予特定的教学方法以生命力，使教学方法有一个明确的方向舵，最终趋向于目标。为了组织和明确教学思想，使其符合确定学校整体体育教育思想的大方向，教材中不同类型的内容被划分为精妙的教学型内容和介绍型内容。

因此，这些教材的教学方法应该选择情感体验和体能训练的途径，让学生在平静的条件下，在没有技术困难的情况下，提高身体素质，增加训练负荷，可以选择训练教学法和独立训练教学法。此外，通过快乐的学习和成功的教学，让学生体验体育的乐趣，可以选择快乐的体育教学法和成功的体育教学法。

（2）根据单元的不同学习阶段，优化体育教学模式。在体育课上，教学计划确定了每项内容的课时数，以确保达到每项运动的单元学习目标，并确保学生掌握多项运动技能。在单元练习结束时，当学生实际上已经掌握了所学的运动技能时，有必要继续重复和巩固练习，并注意动作的细节，因此，在这个阶段，重点应放在选择练习技能的模型等方面。

（3）根据不同的外部教学条件，优化体育教学模式。体育教学条件可分为两类教学条件：一方面是固定的具体设备；另一方面是不固定的设备和软件。

（4）根据学生群体优化体育教学。教师是教学活动的主导者，学生是教学活动的主体，主导因素和最重要的因素是体育教学活动的主要因素，所以在选择教学方法时也要考虑教师和学生的具体情况和特点。

第二节　体育合作学习教学模式

一、合作学习教学模式概述

（一）合作学习教学模式的概念及原则

1. 概念

合作学习是一种教学的新方式，与主流的、专制的教学观形成对比。它是由当代格鲁吉亚领先的儿童心理学家和教育家阿莫纳什维利开发的。合作学习经验的显著特点是，它以尊重儿童的个性和人格为基础，在教师和学生之间建立一种新的关系，通过游戏传达选择的自由和学生对教育过程的充分参与，从而实现在教师和学生之间真正合作的精神中学习的目标。

体育教学中的合作学习模式是在教学理论和实践中形成的一套相对系统和稳定的策略或方法，用于组织和实施特定的学习过程。体育教学中的学习模式是一种反映特定教学理念的教学程序，具有相对稳定的学习过程结构和教学方法体系。合作学习是一种学习方法，两个或两个以上的人为了实现共同的教育目标走到一起，在一个小团体中，面对自己的思想，提出问题，相互讨论，达成共识，获得知识，发展思维，提高技能。体育教育中的合作学习是一种学习形式，学习者在教师的帮助和学生的参与下，利用运动和在适当的条件下创造一个更刺激的体育环境，克服困难，完成任务，鼓励交流和合作。

2. 基本原理

（1）教学过程的进化性原则。合作学习认为，每个学生都有无限的潜力和可塑性，教与学可以最大限度地发挥儿童的潜力。

（2）教育过程的人性化原则。合作教学法建议教师做到以下三点，以确保人性化的实现和实施：

第一，爱学生。

第二，使环境人性化。

第三，在学生身上体验自己的童年。

（3）整体教学的原则。教与学的过程就是利用学习者的自然优势和活力。

（4）学习中的合作原则。在现实生活中，小学生往往不只是想玩，还想成长；他们热衷于学习，但又不想失去自由，所以教师要善于与儿童合作，从他们的角度组织学习。

3. 方法

合作学习需要一种能吸引儿童的师生关系和鼓励儿童自愿参与教育活动的方法。具体方法包括。

（1）教学生思考。在教学中，教师可以在学生面前边解题边大声思考，让学生听到、看到教师的思考过程和解题过程；或者教师应鼓励学生提出问题，反驳和争论。

（2）“捕捉”信息。在合作教学中，教师不是要用知识填满学生的头脑，而是要和他一起“捕捉”知识，在这种“斗争”中体验成功的喜悦。

（3）充分利用黑板。在合作学习中，黑板被看作教师和学生之间交流的主要手段。

（4）悄悄话。悄悄话是一种特殊的课堂提问方法。老师鼓励正确的和不正确的答案，并通过评论来安抚他们，这有助于保持孩子们的积极性和自我评价。

（5）学生当老师。在合作教育中，人们认为教师应该扮演演员的角色，在课堂上与学生一起玩耍，让孩子们感到他们正在参与一些他们愿意做的重要事情。

4. 体育合作学习的心理分析

苏联教育家霍姆林斯基曾经说过，“没有这种自我肯定的经验，就不可能对知识产生真正的兴趣”。在体育教学的合作学习中，每个学生既当学生又当老师，每个学生都有机会在学习过程中表现自己，满足个人的成就感和证明自己的愿望。这样的学习体验会产生良好的心理诱导，提高学生的学习兴趣和学习欲望，从而加强小组之间的凝聚力，导致小组内学生之间的合作行为。从心理学角度看，在对学生进行体育教学时，大多数学生都希望在平静有序的环境中进行体育练习。体育教育必须尊重学生的这一心理特点，创造一个轻松自由的学习环境，使学生能够自主地学习，以培养他们在体育教学中的组织能力，从而实现从“要我学”到“我要学”的过渡。

5. 体育合作学习模式的误区

体育课上学生之间的交流与合作是一种合作与情感的连锁反应，为共同利益和群体的智慧创造了互动的条件。所有体育教学中的合作学习教学模式都有具体、明确、集体和个人的学习目标，是为了实现共同和个人的目标而设定的，并围绕着不同类型的目标的实现而展开。许多教师认为，体育教学中的合作学习模式与传统教学的区别仅在于教学形式，体育教学中的合作学习只是把学生放在一起组成团队，把最初的整班体育教学转变为小组体育教学。这种简单化的想法往往导致许多教师在体育教学中沿用以前的教学方式，这也是体育教学中合作学习方式流于形式的主要原因之一。

（二）合作教学模式的理论依据

人本主义教育思想。以马斯洛的人本主义心理学为代表的教育思想，对现代学校教育产生了重大影响。它强调“以人为本”和“学习者的发展”，强调对人的需要、价值、情感和动机作出反应的重要性，并在满足生存需要方面开发学生的潜力。

体现在教学中的人本主义教育方法是主观的说教式思维，学生在学习过程中起主要作用，尽可能地调动他们的意识、热情和创造力。体育是一种“人”的运动，是人类文化的积累，是人类精神的乐园。体育是一个特殊的认识和实践过程，在这个过程中，学生发现自己是主体，特别是自己身体的运动，并主动去改造自己的身体和思想。

学校体育为终身体育教育奠定基础。这一思想强调学校体育要为终身体育教育服务，在身体、技能、兴趣和习惯、自主学习和实践、自主学习、实践和评价等方面为终身体育教育奠定基础。体育教育的兴趣和习惯被认为是促进学生独立学习和参与终身体育活动的基础，体育教育应以参与者的需要、兴趣等为基础。因此，在体育教育方面培养学生的自尊心是实施终身体育教育的一个重要方面。自主学习是指一个人或几个人在有或没有他人帮助的情况下，能够主动诊断自己的学习需求，设定自己的学习目标，确定学习所需的资源，并对学习成果进行评估。

合作学习是相互学习，学习者在小组或团队中工作，在独立学习的基础上完成一项共同的任务，并有明确的责任分工。合作可以产生更多的热情，更多的作用和更好的体验。鉴于学生体质、能力、兴趣和爱好的多样性，体育教育应该为他们提供更多自主学习和合作学习的机会，让他们在与同伴的积极交流中，学会独立进行体育学习，最终实现学习目标。

学生向教师学习，教师备课，上课就是做作业，教师按照自己的教学设想设计一切，学生的想法和动机不得而知，学生被动地观察、模仿、练习或锻炼，他们会逐渐变得越来越无动于衷，越来越依赖教师，越来越离不开教师。因此，要让学生成为学习的主人，自主和合作地学习和练习体育，需要建立一个合适的自主和合作的学习模式，让学生掌握学习的主动权，而不是教师掌握学生的学习。构建方法：根据人本主义教育思想、终身体育教育思想和自主与合作学习的理念，通过演绎法构建了自主与合作体育教学模式的过程图，然后通过在大学公共体育课和中学体育课上的测试和修改，逐步完成体育教学模式的构建。

二、合作体育教学模式运用与检验

（一）适用范围与教学原则

1. 适用范围

我们认为，自主合作的体育教学方式要求学生具有较强的自控能力和自主性。为了适应学生身心发展的需要，我们利用自己教学的有利条件，在高校的社区体育课和中学的体育课上进行了实践，发现自主合作的体育教育模式最适合的应用范围是中学生和大学生的体育课。

2. 教学原则

教学原则是有效教学的先决条件。除了体育教育的一般原则外，在使用独立和合作的体育教育模式时，应了解以下原则。

（1）自主性原则。教师必须努力提高学生的学习自主性。

（2）情感性原则。参与式体育教学方法应更加注重情感教育，教师的人性化教学可以使学生更加自觉地以学习目标为导向。

（3）问题解决原则。教学必须针对有问题的学生，设计问题时必须考虑到学生的实际情况，要科学地运用教育学和心理学的理论来分析课堂教学的各个环节。

（4）透明原则。主要包括三个方面：一是课堂教学的形式要公开；二是课堂问题的展开要公开；三是学习问题的解决要由点及面。

3. 运用自主——合作体育教学模式应注意的问题

（1）教师需要耐心和勇气。起初，不能独立和合作学习的学生感到困惑和迷惑，不适应这种学习方法是正常的。教师的耐心表现为敢于花时间，有足够的耐心和勇气，逐步引导学生独立和合作地学习体育项目。

（2）关注学生的经验，创造问题情境。学生的经验是影响独立作业学习的一个重要因素。一般来说，在一节课的开始，要创造与学习者现有经验相似的“问题”或“情境”，以便处理相对简单的体育和思维活动，然后将“问题”或“情境”转化为更深层次的“问题”，同时鼓励学习者对练习进行反思。

（3）教师应努力选择和调整学习材料的内容，以激发学生的学习兴趣。

（4）学会做一个积极的观察者，必要时进行干预。合作式体育教学的自主模式强调学生的自主和合作学习，但“自主”并不意味着教师不指导和不参与。因此，教师必须成为积极的“观察者”，对学生进行适当的干预和指导，避免干扰学习，但也要能在学生需要建议和帮助时进行干预。

（二）合作体育教学模式的意义

首先，“合作学习模式”以尊重教育的理念为指导，符合现代教育理论的基本要求。其次，“合作学习模式”有效利用系统内的互动，开发和利用学习资源，提高学生的参与意识。通过改变传统的“讲授与练习”的教学方式，利用小组成员之间的相互帮助和学习，使学生获得愉快的心理体验，从而养成终生体育锻炼的习惯。合作学习模式鼓励学生为实现目标而共同努力，增加同学之间的互动，有效利用竞争与合作，培养集体责任感和荣誉感。基于能力的学习模式将在大学体育教育中实施，这是与大学体育教育课程的特殊性相联系的要求，是以“自我发现、学习和互动教学”为基础的。基于能力的学习模式“自我发现、学习、互动教学”充分体现了“学生为主体、教师为主导”的教学理念，是在学生和教师活动互动的基础上创造的稳定的学习方式。以体育俱乐部制度为组织形式的形成性评价方法，是一种强调运动态度的小组或团队学习方法，是“自主学习、学习与教学互动”能力本位教学法在大学体育教学中的主要实施形式。

第三节 多媒体网络体育教学模式

一、高校体育多媒体网络教学的组成

与其他学科相比，体育教育也是一种需要教师和学生互动的教育活动，教师在获取目标导向的知识或技能方面发挥指导作用，学生则发挥主导作用。然而，体育教育还有其他具体特点，即体育课以教师和学生的思考为基础，以学习目标为基础，即通过体育活动传递知识和技能。这一特点可以有效地利用多媒体技术，发挥网络教学的优势，消除传统教学的局限性，促进体育教学的网络化，通过多媒体创造一个成熟的网络教学模式。

高等学校体育教育的网络化多媒体教学一般包括以下内容。

（一）教学目的

所有教学的开展都是以教学目的为依据，网络教学也不例外，也要实现制定的教育目的，其也是高校体育多媒体网络平台的发展方向。结合目前国内教育部制定的政策方针，高校体育教学目的是传播体育锻炼、运动技巧及保健知识，鼓励学生通过体育运动强身健体、提高身体素质，形成坚忍不拔的运动精神。当然，该目的在多媒体网络教学实施中有重要意义。

(二) 基本网络环境

基本网络环境是高校体育多媒体网络教学开展的重要条件，而网络教学的实施受到局域网、校内网络和各硬件支持的直接影响。和原有体育教学模式对比，稳定的网络环境是体育网络教学实施的重要保障，某种程度彰显了网络教学模式的独特之处。

(三) 人机关系

人机关系是大学体育网络教学的重要组成部分，人机关系可分为两种类型：师生关系和网上师生关系，前者指体育教师和学生，后者指硬件或软件等。在网络学习中，教师、学生和计算机形成一个特殊的三角形。在这种学习形式中，教师和学生为了学习的目的在网上环境中互动。与传统的教学模式不同，教师和学生不再面对面地上课，体育教师通过互联网将学习材料传送到学习平台上，学生只需浏览在线课程的网页。由于每个地区、学院和体育教师通过将课程内容上传到服务器上，对同一专业理论的理解和解释是不同的，学生有机会选择不同的教学方式，增加体育知识。

二、高校体育多媒体网络教学的特点

(一) 实时远程教学

至今为止，许多高等院校网络教学都实现了实时远程教学，其创建网络虚拟课堂，师生借助摄像、话筒等互相交流沟通，基本类似于教室课堂。

(二) 自主选择教学内容

在体育教师的电子学习平台上，课程视频是主要的学习资源之一。学生使用其个人设备浏览网站，并根据学习需要选择课程视频。系统的数据库服务器上存储了大量不同格式的训练视频，因此用户可以下载适合其个人设备的训练视频格式。

(三) Web 课件教学资源形式

Web 教学课件包含文字、图像等多媒体教学资源，检索方式简单，易于学生自主个性学习。而且该形式的针对对象是非实时应用系统，硬件设备标准的需求不高，学生可随时随地联网登录 Web 服务器，进行课程学习等活动。该形式比较适合通用型、自主型的远程教学运用。

（四）Think-Quest 网络教学模式

随着网络教学的普遍化，各种网络学习模式比比皆是。Think-Quest 是目前比较成熟的、任务驱动的网络学习模式，在西方国家已被广泛运用。该网络模式为用户指定了创建主题教育网站的任务，用户需要运用相关资源建立网站，同时利用一些网站创建工具构建网站框架，其本质是学习过程。另外，用户创建的网页也可看作学习资料为其他用户借鉴。

在教学中越来越多地使用互联网，催生了基于网络的学习模式。学员必须使用在线和离线资源来丰富网页的内容，以及使用各种网页建设工具来构造网页和润色其形式，这本身就是一个学习过程。此外，设计者制作的网页可以被其他学习者作为学习资源使用。

三、多媒体网络教学平台在高校体育教学中的应用

（一）基础架构

现代多媒体网络教学平台大多基于 B/S 模式。B/S 模式具备以下几点优势：用户浏览界面采取的是常规的网页浏览器，存储着许多应用程序，用户可根据自我需求自行下载；平台容易控制维护，由于用户不需要专用软件，在更新网络应用的时候，只要升级 Server 中的软件既可；该模式拓展性、创新性较高，其采取通用 TCP/IP 通信协议，高校可结合实际需求升级完善多媒体网络教学系统。

（二）工作原理

该教学平台的基本工作原理是师生登录浏览界面对体育网络教学平台进行访问，学生借助计算机、平板等设备实现浏览器和服务器的连接，可自主学习体育课程、搜索体育信息资料、随时与老师交流体育锻炼心得、存储管理个人体育信息等。而该系统管理人员和高校体育老师可借助浏览器更换修改服务器中存储的资料信息，保证体育教学课程的时时更新，并且解决学生体育方面的问题和困难，同时实时引导学生正确体育锻炼。

事实上，系统服务器由两部分组成：网络服务器和数据库服务器。前者存储在平台上运行的应用软件，执行用户要求的操作，负责接收用户的请求指令；后者将其转换为数据库识别指令并发送给数据库服务器，最后将处理

结果以网页的形式发送到浏览器页面，用户可以从中检索到所请求的信息资源。这意味着数据库服务器存储了大量的数据和相应的订单处理软件，它根据前一个用户发送的指令进行相应的处理，最后将处理结果发送到网页服务器。

（三）优点和长处

（1）多媒体网络学习系统使体育课程变得开放和直接。通过使用多媒体技术制作慢动作视频和体育动画，大学生可以快速学习体育课程，促进对体育的喜爱。

（2）基于多媒体的电子学习系统有利于体育领域的教师和学生之间的双向交流。

（3）基于多媒体的电子学习系统为学生创造了一个自主的学习环境。高等教育学生可以自由选择如何探索储存在系统中的所有学习资源，消除了传统体育教育的限制，使学生在学习过程中发挥主导作用。

（4）基于多媒体的网络教学系统保证了高校体育教学资源的开放性。该系统的引入，更新了高校体育教学资源的开放性，同时也储存了世界各地高校和图书馆的各种体育教学资料信息。

（5）多媒体电子学习系统对体育院系的教学效果有强化作用。一般来说，高校的体育教学效果取决于体育教师的资质水平、年龄和性别。该系统的实施将使体育教学更加规范和有效，确保高校学生学到最专业的体育知识。

（6）基于多媒体的电子学习系统消除了高校体育教育的地域限制。通过该系统实现的资源共享，可以促进高校之间的互动交流。系统的实时交流功能可以使高校学生与体育专家直接交流。该系统的远程学习功能将使学生能够远距离学习体育。此外，不同地理区域的学生可以参与实时交流和体育讨论。

第四节　体育翻转课堂教学模式

一、翻转课堂教学模式概述

近年来，“翻转课堂”已成为国内外教育专家和研究人员研究的热点话题。这种模式允许学生在课前观看教育视频或教学大纲和其他学习资源，通过师生互动讨论和解决问题，并在课后提供反馈和评价。翻转课堂是一种新的混合式学习方法。事实证明，“翻转课堂”可以激发学生的兴趣，提高考试成绩，增加教师满意度。随着我国高校体育教学改革的发展，旧的体育教学模式已经不适合未来社会发展的人才需求，体育教学模式也在不断地更新和探索。体育教育由于其高度的实践性，与其他学科相比具有特殊的专业特点。

翻转课堂的出现，只是改进体育教学方法的众多想法之一。随着教育信息技术的发展和教学理念的更新，教学方法和手段也越来越多样化。例如，近年来，“翻转课堂”的教学模式越来越受到教师和学生的欢迎。在翻转课堂模式中，教师根据学生的在线学习情况为他们选择课程。基于翻转课堂模式的学习资源不受教师、学生、教学时间和空间的限制，通过让学生与有名望的教师一起体验在线学习，可以极大地提高有限学习资源的利用率，从而提高教学的有效性和质量。“翻转课堂”模式正在引起教师们越来越多的兴趣和重视。

（一）翻转课堂教学模式的理论依据及目标原则

教学模式是不同类型教学活动的基本结构或框架，是在教学思想、理论和某些教学概念的基础上创建的。它通常包括理论框架、教学目标和原则、教学程序、实施条件和教学资源、学习成果评估和其他要素。

就理论框架而言，它是基于翻转课堂中“先学后教”的思想，强调学生在教育活动中的主体性，强调学生对学习的参与。基于学术性体育教育的特点，特别是斯金纳的操作性条件反射心理学，利用视频在掌握和理解的基础上进行学习，然后反复观看视频，强化从练习到掌握的过程，这样反复循环的过程就形成了有效的行为目标。

在教学目标和原则方面，体育教学的主要目标是巩固和提高大学生在中小学阶段形成的体育思想、习惯和技能，以便更好地引导和教育学生主动、积极、科学地运动，掌握现代体育科学的基本知识和技能。在教学程序上，基于优质视频资源和互动学习社区的翻转课堂体育教学模式的基本教学程序可以表现为以下几点：预习教学内容，观看有针对性的教学视频讲解和演示，激发学习动机和发现学习问题，课堂上讲授新课，教师和学生互评，通过扩展翻转课堂体育教学的范围明确和发展知识和技能结构。

在实施条件和教学资源方面，MOOC 平台和近年来迅速发展的互联网的普及，为翻转课堂模式在体育教学中的实施创造了良好的条件，因此要求教师根据课程和学习内容自行开发和制作教学内容，主要内容可以包括教材和动作示范的讲解视频、理解性练习、课后实践活动、教学的影响和评价等。基于 MOOC 的翻转课堂体育教学模式的实施，对唤起学生学习体育的兴趣，培养学生自主学习、发现问题、分析问题、解决问题的整体能力，提高适应社会发展的自主学习能力和相互合作能力有积极作用。

教师应注意反馈，根据所学知识提供适当的建议，鼓励和激励学生因材施教。对学生的评价也应引起注意，大学体育课不同于其他文化课，不能仅以考试成绩作为衡量成绩好坏的指标，要把“健康第一”的标准作为学校体育教学的指导思想落实到体育考试过程中。要引导学生加强体育知识的学习，养成体育锻炼的习惯，形成与体育教学目的相适应的人的考试。

（二）实施翻转课堂的意义

1. 翻转课堂的内涵与发展

翻转课堂是在 2007 年左右出现的。它只是将课堂上教授的某些科目拍摄成教学视频，并将其放在网上，让学生在家里观看。这种方法旨在解决学生因缺席而无法跟随课堂课程的问题。这种课堂形式无疑撼动了传统的教学模式，可以使学生完全自我激励。这种新的教学模式由美国科罗拉多州的化学教师 Jonathan Berman 和 Aaron Sams 首先在课堂上使用。然而，翻转课堂是由可汗学院首先开发的。

随着翻转课堂模式的普及，不同国家的教育工作者都在根据自己的国情拓展、补充和发展其意义和实施过程。翻转课堂模式的先驱者乔纳森-伯尔曼和亚伦-萨姆斯深信，这种模式可以激发学生潜在的学习欲望，发展他们深层次的认知能力，并在教师和学生之间、学生和教师之间建立实时沟通和互动。

2. 在大学体育教学中实施翻转课堂教学模式的意义

学校体育教育的基础是体育教育，而体育教育又包括体育理论教学和体育实践。体育教育既是大学体育教育的重要组成部分，也是引导学生热爱体育的直接手段，是检验体育教育理论的重要手段，更是实现体育教育目标的关键因素。

对传统体育理论教学理念的不理解和大学教学课时的限制，以及大学体育教师课堂讲解技巧的缺乏，造成了目前大学课堂体育理论教学的困境。一方面，教学过程单调，内容相对陈旧，缺乏趣味性；另一方面，教学不可能适应学生的需要。对于悟性较高的学生来说，通常的讲授和演示会很枯燥，这不可避免地导致一些学生落后，另一些学生则变得“营养不良”，难以激发他们的学习兴趣。

首先，翻转课堂消除了传统课堂的时间和空间限制以及固定教师的局限性，也解决了部分学生由于某种原因不能从课堂教学中受益或不能及时理解课堂教学内容的问题。其次，在翻转课堂中，教学过程基本上可以执行教学过程中的计划，学生可以自由地主动学习，接受具体指导，有效地提高了课堂互动的数量和质量。“翻转课堂”模式在体育教学中的这些优势和特点，可以较好地解决教学时间和资源有限、学生积压和课堂学习过程中的“营养不良”等问题，为连续体育教学思想的实施提供保障。

二、翻转课堂教学模式应用与实践

（一）翻转课堂的模式构建

体育教学翻转模式的构件与一般翻转课堂模式相似，包括课前学习资源的制作准备、学生自主学习、课中知识内化和课后总结评价四个阶段。

1. 课前学习资源准备阶段

学习目标描述了教育活动的方向和预期结果，是所有教育活动的出发点和最终目标。在开始上课之前，教师根据课程和教学计划明确学习目标和任务。在学习过程中，不断对新的教学目标进行审查，以便在课前、课中和课后形成一套完整、连贯和相互联系的三维共同目标。技术动作的概念、精髓、方法和技术原理被转化为使用信息技术的演示。

学习内容将采用演示和视频相结合的方式，根据培训步骤和程序制作学习材料，并上传至网络平台。同时，必须保证翻转课堂中学习内容体系的完整性和合理组织。要根据学习者的认知水平和需求选择合适的学习材料，并根据学习内容的结构特点，对学习材料进行合理的加工和处理。

对于那些难以或无法直接形象化的动作，可以用二维或三维动画来生动具体地说明，并配以图示和文字说明，说明力的方向、大小和轨迹。例如，在讲授单杠上的向后过渡时，在实际教学过程中，人体通过单杠时的“后弧线”运动不能在单杠上显示，也不能以更直观的方式显示，而是通过对视频进行“箭头”处理，使视频更加直观和易懂。每节课都是按照课程的设计来组织的，由浅入深，由易到难，这样学习者就可以在不浪费大量时间的情况下学习理论知识。

2. 学生自主学习阶段

翻转课堂的教学模式要求学生在课前独立学习，发现并解决问题，积极参与学习新信息。理论知识的传授是关于技术动作的概念、基本要素、方法和技术原理，而对技术动作的一般理解和认识则是通过用想象的方法理解信息来实现。在学习过程中，学生主动发挥发现问题和解决问题的能力，及时发现疑难问题，并通过参考互联网临时解决一些问题。由于学生在课前以饱满的热情学习新技术，在实践中难免会有部分学生主动出击。为避免体育教师复习指导不到位，不正确的动作会形成不正确的动作模式，学生应自己练习充分，以小组、双人复习指导为起点，在观看并充分理解训练视频中的示范动作后进行练习，培养发现问题、纠正错误的能力。对于一些比较复杂的技术动作，利用“虚拟系统”不断练习，可以帮助学生提高对技术动作的理解和认识，也可以在现场难以遇到设备的情况下提供上课机会。

3. 课中知识内化阶段

这节课应该是一个阶段，学生提出问题，教师回答问题，通过旨在练习运动技能的具体身体练习来吸收信息。剩下的问题则通过课堂讨论和与教师的互动来解决。在课程中，教师安装了一台数码摄像机，记录整个学习过程。讨论和辩论根据提出的问题类型或兴趣、伙伴关系和友谊、出身和水平、个性等分组进行。在探索性活动中，调查和课堂讨论是被创造性地设计和组织的，以引导学生通过对话和合作实现个人发展。由于学生通过课前学习，在一定程度上学习和理解了教学内容，并能形成正确的思维方式，因此，教师应辅以建议，帮助学生解决困难问题。在解决疑难问题后，按运动水平对学生进行分组，并指导他们完成不同级别的训练。同时，鼓励学生积极思考，寻找错误的原因，以纠正错误。此外，还可以引导对动作技术掌握较好的学生尝试进行解释和说明，这样学生不仅可以进行练习，还可以进行教学，从而打破了传统体育教学中只以锻炼运动技能为目的的“一刀切”的做法。练习结束后，教师要讨论这节课中出现的问题和练习技巧，总结这节课的主要问题，并对下节课提出建议。

4. 课后反馈评估阶段

在课程结束时，教师要制作一个数字视频文件，并提供给学生。对课上提出的问题、学生的参与态度和课的效果进行总结和评价，并及时与学生沟通。同时，学生要学会在课后记录自己的感想，总结自己的理解，讨论自己在课堂上的学习情况，反思、评价课堂讨论和练习中动作技术的掌握情况。通过网络平台、QQ 群或微信群，我们可以创造一个合作学习的环境和空间，形成师生有效学习的“封闭通道”。

（二）高校体育教学翻转课堂模式的应用及实践

在构建大学体育课逆向教学模式的基础上，将大学体育课逆向教学模式应用于体育元素的技术动作教学。测试对象：96 名大学体育特别选修课的学生；10 名至少有硕士学位的教师。培训内容包括从一个地方跳远的技术动作教学。总体教学计划：将一个特殊的体育选修课的 96 名学生分为对照班和实验班各 48 人，实验班采用翻转课堂教学法，对照班采用传统教学法。最后，通过评价的方式进行了比较分析。研究结果表明，83. 5%的学生对翻转课堂教学模式表示赞赏；78. 6%的学生认为翻转课堂教学模式能够激发他们参与学习的兴趣和动力；70%的体育教师认为，在翻转课堂教学中，学生的学习兴趣和动力明显增强。对比分析表明，实验班在理论知识、技术考核、成绩测试和综合评价方面的表现明显优于对照班。

可以得出结论，翻转课堂可以提高教学效果，激发学生的学习热情。翻转课堂模式培养了学生自主学习、探索和协作的能力，对体育教师的专业发展起到了有力的推动作用。翻转课堂模式拓展了学生的学习空间和时间，改善了师生之间的交流和互动。翻转课堂模式为学生腾出了学习时间和空间，使他们可以随时随地学习。

翻转课堂为学生提供了一个与教师交流和互动的论坛。在过去，面对面的互动造成了学生的羞涩情绪，但在网络平台上的交流和互动不需要与老师面对面，所以羞涩消失了，信任也随之增加。这样一来，翻转课堂模式在教师和学生之间创造了一个合作的、连贯的学习空间和环境。学生能够控制学习的广度和深度，从而提高他们对理论知识的理解和吸收。翻转课堂教学模式有效地扩展了学生的理论知识和实践技能，提高了学生对理论知识和技能的整合和吸收，有效地提高了按照教学大纲和内容的教学效果和质量。基于合作和提问的教学方法的使用，有效地提高了理论知识的吸收和掌握程度。

在高等教育中实施“翻转课堂”的体育教学模式，克服了传统体育教学模式的问题。网络平台还改善了教师和学生之间的关系，使他们能够在整个课堂上进行有效的沟通，在课前、课中和课后“围成一圈”，创造一个协作和综合的学习环境。翻转课堂被描述为“影响课堂教学的一个重大技术变革”。在翻转课堂模式中，在网络平台和学生实践的“虚拟系统”中提供学习、交流和互动资源，每个环节的建立都需要提高教师的专业技能和学生对学习的适应性，以及其他硬件和软件要求。只有这样，才能实现体育教育与高等教育的真正融合。

第五节　体育自主教学模式

一、概述

（一）自主教学内涵

1. 自主教学概念界定

目前学术界对自主学习还没有一个统一的定义，许多研究者从不同角度、不同层面研究了体育教学中自主学习的含义和范围。教学目标、教学方式、教学内容和教学方法应紧密围绕学生，与教师一起构成体育教学中的自主学习体系。同时，健康、快乐和放松等积极因素应成为教学的主要动力来源。

2. 自主教学外延释解

体育独立教学有两个方面：对教师来说，它是一种教学方法，对学生来说，它是一种学习方法。从总体上看，高校体育独立教学是实现某些教育目标的一种新方式，学生是学习的主要对象，教学的形式、内容和方法都是围绕学生来选择的，学生有主观能动性，其参与的积极性得到鼓励。从教师的角度看，独立教学是一种体育教学方法，学生根据自己的能力设定学习目标，决定课程内容，并最终实施，以实现特定的学习目标，这取决于体育教师的组织和规划。

（二）自主教学模式的特点

目前，自主学习还没有严格的定义，但从广义上讲，可以认为它是一种自发的、持续的学习行为，通过各种丰富的学习方法激发学生的学习欲望。更具体地说，在中国高校的体育教学中，它可以被定义为：学生在教师基本指导的基础上，形成自己的学习方法，进行自我监控、自我调节和自我评价，最终实现体育教学目标的一种学习方式。

对自主教学的描述有助于我们了解其主要特点。

1. 主观能动性

主观能动性是教学质量的一个重要组成部分，也是大学体育教学中自主学习方式的一个重要特征。在传统的教学模式中，与其他学科一样，教师往往处于教学的中心地位，学生往往要跟随教师的步伐，按照教师设定的内容、方法、进度和目标进行学习。在这种模式下，学生的学习基本上是被动的，按照预定的模式进行，没有充分考虑到学生的个性特点和差异，这就限制了学生按规则学习，在一定程度上限制了学生的主动性和积极性。

在自主学习模式中，突出了学生的个性特点，学生是整个学习过程的中心，学习过程应围绕他们进行，他们在其中发挥重要作用。在这种教学形式下，学生必须与教师一起，根据自己的兴趣和个性特点确定教学的主题、方法和内容，并在教师的指导下进行自主学习，选择自己的目标、内容和学习方法，积极参与教学，自由发挥主观能动性，从而逐步成为体育领域知识、技能和方法的建设者。

2. 教学有效性

在实践中，教师讲的是同样的内容，但学生学习的结果却大不相同，最成功的学生无一例外地做了大量的独立作业，这种独立学习的深入发展，使他们学会了发现问题，解决问题，调整自我反省和理解的能力，超越了“鱼”。已经实现了从“鱼”到“渔”的过渡。自主学习的水平越高，学生的学习效果就越好，学校的体育教育质量也普遍提高。

3. 相对独立性

在这两种模式中，都鼓励学习者在整个学习过程中采取主动态度，把他们从对他人的依赖中解放出来，提高自己的学习能力。然而，独立学习模式也强调独立学习的系统化，强调教师的指导和帮助，强调学习者之间的交流和沟通，所以独立学习系统的独立性是相对的。相对的自主性表现在两个层面：从宏观角度看，学习者不可能完全独立于体育教学自主模式的要素，如体育教学的目标、内容、教学方法、内容、阶段和时间等；从微观角度看，对于每个要素，从开始到计划，从实施到完成，对于每个过程，学习者也需要建议和帮助，需要教师和同伴的资源分享、帮助和支持。因此，大学体育教育中的自主学习模式的自主性是相对的，有必要区分学生学习自主的环节和过程，只有这样才能形成更好地反映教学实际的自主学习模式。

4. 情感丰富性

情绪是当代教育的一个重要概念，21 世纪情绪教育的出现代表了对这一要素的深入探索。情绪对教学有明显的影响，积极、乐观的情绪对教学有积极的推动作用，而压抑、消极的情绪无疑对教学有负面影响。通过自主学习，学生的主动性被积极调动起来，他们的情绪被释放出来，并向积极方向引导。轻松活泼的课堂气氛、学习资源的相互共享、学生表达自己感受的机会，都有助于积极情绪的释放，对教与学产生积极影响，拉近双方的距离。

5. 范围有限性

自主学习模式并不适合所有类型的教学，因为它可能不适合一些非常复杂和资源密集型的项目，或者教学环境不允许使用它。因此，必须牢记，并非所有的内容都能完全采用自主学习模式进行教学，在一些基于这种模式的科目或学科中，自主学习方法很可能只被部分采用。高等教育中体育学的教学目的与其他学科的教学目的有很大不同。一般来说，高等学校的体育教学没有严格的知识性教学目标，而是要让学生了解和喜欢体育活动，培养学生对体育活动的积极态度和习惯，以提高国民的整体身体素质。因此，高校的体育教学是灵活自由的，不需要遵循传统的教学模式，只要达到主要学习目标即可。

二、高校体育自主教学模式的构建

（一）高校体育自主学习模式的构建策略

1. 强化学生自主学习的理念

在多数学生的观念中，体育课就是打球、跑步，获得相应的学分。多数学生对体育课本质缺乏理解和认识，体会不到体育锻炼增强身体素质的重要意义。

（1）改变学生的传统观念。学生认识到体育教学对提高身体素质的重要性，意识到体育教学中的自主学习可以提高学生的社会能力和解决问题的能力，更好地适应未来社会的需要，从而树立自主学习的观念，积极主动、全身心地参与到体育教学中来，切实提高自主学习能力。

（2）促使学生正确认识自我。大学生体育课程的选择和体育活动方案的设计是基于学生的身体状况。因此，让学生充分了解自己的身体状况并对其进行正确的评估是非常重要的。只有这样，他们才能确定自己的学习目标，从而设计合适的学习和体育活动方案。

（3）增强学生自我监控与调节能力。教师应注意培养学生的自主学习能力，使他们能够通过自我评估和反思等方式，对自己的学习目标和实践计划进行监控和调控，及时修改学习策略和方法，及时评估自己掌握的技能、能力和知识，培养自信，扬长避短，不断激发他们的创造力和热情，为他们创造提高能力的空间。

2. 打造“自主选择”的体育学习模式

在高校体育学生自主学习过程中，教师应充分尊重学生，根据学生的不同体育运用情况，适时打造“自主选择”式学习模式，这主要包括自主选择学习的时间、内容和方法等方面，使体育真正走向学生自主，努力提高体育学习质量。

（1）“自主选择”体育学习时间。在大学阶段，学校教育实行学分制管理，给予学生更大的选课自由，学生可以根据自己的情况安排体育课程，无论是专门的体育课程还是普通的体育课程。除学分制外，学校还应为学生自由选择课程创造特殊条件，在保证与原有学分制同步管理的前提下，有效调动学生参与体育课程的积极性，有效提高学生自主学习的能力。

（2）“自主选择”体育学习内容。学校应继续丰富体育课程的内容，让学生根据自己的兴趣有更大的选择自由，但大学应注重规范学生的学习活动，加强教学管理。

在高等院校进行独立的体育教学时，应注意以下几个重点：

第一，充分利用高等院校丰富的体育教学资源，为学生提供更多自主选择的机会。在普通体育课程中，内容的安排应尽可能让学生根据自己的兴趣选择。在特殊体育课程中，按照商定的方案，不同体能水平的学生应该有尽可能多的时间进行独立学习和练习。

第二，在学生自主选择内容后，教师应加强对教学的监督和管理，对学习要求提出高标准，并组织适当的人员，使学生能够相互交流和学习，同时对教师进行及时指导，保证学生的学习质量。

(3)“自主选择”体育学习方法。由于每个人的身体能力不同，教师需要根据学生的需要调整教学内容，引导学生在理解和接受内容的基础上选择合适的训练方法。在教授不需要严格技术要求的内容时，重要的是不要限制学生的训练方式，而是允许他们以不同的方式完成相同的内容。例如，在教授篮球运球时，教师应帮助学生以不同的方式学习运球，如个人独立运球和小组合作运球，并将比赛和运球游戏结合起来，激励学生自主学习。

(二) 建立并完善科学合理的自主教学教育模式

建立科学合理的自主学习模式是大学体育教学中发展自主学习的基础。这需要彻底改变大学体育教学中以教师为中心的传统心态，将学生置于教学的中心，并围绕学生组织所有学习。要创建这样一个模式，需要考虑以下因素。

1. 组织引导系统

组织领导是大学体育中自主学习模式的第一要素，也是最重要的要素；它是这一系统的基础，在指导这一过程中发挥着根本作用。组织领导系统的主要任务是宣传自主学习模式的基本概念和模式，并通过它们使学生认识、感知和接受这种新的学习模式。组织领导系统的另一个重要任务是激发学生对自主学习模式的热情，向他们介绍各种形式的体育教育，唤起他们对学习的深入理解和探索的愿望。可以说，组织领导系统是鼓励学生自主学习的最重要、最关键的环节，这个环节是大学体育自主学习模式的强大推动力。

教师需要制定并监督广泛的教学目标，将这些目标细化为广泛而渐进的目标，并根据所制定的目标来制定课程和适当的教学方法。课堂教学的内容和形式在组织和领导阶段很重要，因为它应该迅速吸引学生的注意力和兴趣，并给他们一个广泛的想象空间，这对随后的独立学习系统的发展是必要的。例如，传统的体育教学往往缺乏课堂教学的引入，而在组织和领导系统中，大学可以尝试用以下热门话题来引入课堂教学，即建立适当的课堂教学引入机制，如精彩的奥林匹克运动会、街舞、收集甜甜圈的图片等。这些话题与课堂教学内容密切相关，可以极大地激发学生的兴趣和热情。这些课题与本课内容紧密相连，能极大地激发学生的兴趣和热情。与传统的收集松软的甜甜圈的方法相比，它们对学习气氛的贡献更大，可以鼓励学生积极参与，在课的开始就抓住他们的注意力，为后面的课程提供保证。

2. 学习系统

这是自学模式的一个关键因素，即建立和完善学生的学习模式。学习系统包括两个主要层次，即内容和形式。内容是指学生必须明确选择学习的内容，这些内容可以是多样的，但必须完全适应他们的身体特征和个人兴趣，并在教师的帮助和指导下进行；而形式是指学生可以单独或以小组形式进行的独立学习方法。小组学习在学习系统中很常见，对学习的影响也比较大，所以大学可以在学习系统中使用这种模式。讲师根据学生的意愿和自己的课程来划分小组，并为每个小组设立评分机制，主要依据是小组学习和最终学习目标的实现程度。通过这种方式，小组之间可以相互竞争，而在小组内部，成员之间可以相互交流经验，相互学习，提高学习系统在小组内外的有效性和效率。

除了内容和方法这两个主要层面外，教学体系还应该包括后续内容。例如，在学生选择了教学内容后，为了评价学生的选择，保持一定的专注度，可以增加体育教学的最后测试，使学生在选择时非常谨慎，能够充分结合自己的实际情况，然后刻苦学习。也可以组织一次关于教学方法的班级讨论，在讨论结束后，教师将每个人的意见考虑在内并加以实施。

3. 过程控制系统

过程管理系统是自主学习的指导和支持模式的一个方面，也是区别于传统自主学习的一个重要因素。大体上说，过程管理模式分为两部分：支持和控制。高等教育机构可以在这两个模块的基础上建立过程管理系统。支持模块主要是为了解决学生在自主学习中面临的不同挑战。由于体育的内容深入到社会生活的方方面面，自主学习的学生在学习和实践中难免会遇到各种问题，如训练方法、运动技术、不同项目的详细动作、竞赛规则等。如果没有一个科学有效的支持系统，学生的问题会不断积累，最终严重影响自学方法。可以设置一个帮助模块来帮助学生解决他们的问题。帮助模块在导师与学生之间、学生与学生之间、小组与小组之间提供各种形式的支持，使学生能够解决自己的问题，讨论问题，当然也可以向导师寻求帮助。AAC 模块帮助学生快速有效地解决他们的自学问题。

除了支持模块外，管理模块也是过程管理模式的重要组成部分。在鼓励学生自主学习时，教师需要对整个过程进行监控，以确保教学的正确性，同时确保学习目标的实现。换言之，教师需要使用特定的工具来及时有效地监测学生的学习情况，并在学习环境出现偏差或变化时调整课程和自学模式。对该模块的监控有不同的方式，例如，教师可以在学生小组内部和小组之间定期组织研讨会和讨论，学生可以分享他们的学习经验，讨论学习问题。在这个层面上，过程管理系统是确保自主学习模式按照既定模式发展的有效途径，如果没有这个系统，很容易导致失败，自主学习模式也会偏离其目标。

（三）多层次教学法的构建

在现代大学体育教育中，体育课的分类往往很粗糙，把学生限制在专业课和非专业课中，而大多数非专业学生也遵循同样的教育模式。除专业学生外，其他学生统一被划分为非专业的体育教育，并通过将普通教育课程与体育教育选修课相结合来进行教育。这种模式沿用多年，取得了一定的教育效果，但随着新世纪教育质量的不断提高和教学环境的变化，出现了越来越多的问题。

多层次教学法是近年来出现的一种新的教学模式，特别适合于大学教学，在创建大学体育教学的自主模式中发挥着重要作用。目前的教学实践结果表明，多层次教学体系是实施和发展自主教学模式的有效工具和有效途径。多层次教学法的主要特点是对学生群体的再分配，它将完全自主教学的特点与客观要求相结合，更加关注个体差异和学生个体特点，从根本上挑战了传统的体育教学模式和学习目标，特别适合于灵活开放的大学学习环境。

（四）建立科学人性化的检测模式

在传统教育中，体育教学的终点是教学考试。实际上，每一次教学检查都是对整个教学系统和教学效果的综合评价，一旦综合分析，就能形成改进和发展教学的有效依据。这同样适用于自学模式。体育教学中的测试一般采用“计分制”和“门槛”模式，即根据学生的学习内容确定适当的测试项目，如跳远、跳高、100 米跑、1000 米跑等，用测试结果来评价学生的满意程度。对学生的表现进行评估，然后确定他们是通过还是不通过测试。随着学习质量的提高，测试方法和内容也在不断丰富和发展，测试内容也越来越丰富，例如，乒乓球和草地网球测试与现实生活中的学生一起引入。可以说，这些措施比传统的僵化的考试模式更加有效和高效，但需要注意的是，在现代考试模式中，“评分系统”和“合格分数”模式并没有发生根本性的变化。体育教育的有效性受到这种传统模式的影响。首先，学生的身体素质和体育教育普遍存在不可避免的差异，所以单一的及格分数显然不够准确和科学。其次，仅仅根据“合格/不合格”来评估学生的表现是过于原始的，对改善学习和教学方法没有影响。这种测试和评估方法很可能会损害一些学生的自尊心，进一步降低他们对体育的兴趣和热情，甚至对体育教学产生抵触情绪，对大学体育教学产生极为不利的影响。因此，为了提高自主学习能力，高校应努力采用更加人性化、科学化的体育教学评估方法，因为只有这样才能真正检验自主学习的效果，同时为适应性学习和进一步教学提供有效支持。

（五）积极扩展课堂外延

为了促进自主学习，体育课需要从简单的操场上分离出来，引入共享课程、多媒体课程和在线课程等元素。例如，传统的跳高教学方式是由教师简单示范，学生反复练习，其结果是学生可能无法完全理解动作和技术的细节，教师的示范也不一定充分。为了提高学习效果，在多媒体教室里，教师简单讲解后，可以向学生播放跳远比赛的录像，这样更直观，学生更容易理解；可以组织课堂讨论，激发学生的学习热情，鼓励学生自主学习。此外，第二课堂也是培养学生自主学习的有效途径，通过经常举办篮球、乒乓球和羽毛球比赛等，使学生获得体育知识和技能，实际上非常有利于培养学生的独立学习能力。

（六）加强现代科技与自主学习的结合

1. 加强 CAE 系统与体育教学的结合

CAE 是一种计算机辅助学习系统，因其强大的多媒体功能和良好的互动性而被广泛用于教育领域。体育教育的重点是身体语言，无论是广播体操、篮球、乒乓球还是羽毛球，都是由一系列复杂、连续和快速的动作组成的，这些动作很难通过传统的解释呈现给学习者，也很难理解。CAE 系统可以用来向学生展示视频，让他们对动作和过程有一个直观的认识。例如，在广播体操方面，可以向学生展示国家体育学院制定的标准动作，并以非常直观的理解方式向他们解释主要内容。对于体操中的难点，不妨暂停一下，放慢节奏，定格并重复几遍，让学生看清楚，并适时讨论，让学生真正理解要点。

2. 逐步推广新兴课件化教学系统

教学系统主要由回放、投影和远程控制设备组成，其用户群和在线资源正在迅速扩大。例如，篮球是一项非常复杂的运动，要直观地解释基本动作或复杂的规则并不容易。在这方面，可以创建结合图像和视频的现场教程，这使得 CAE 系统更加方便用户，因为该教程系统非常自成一体。例如，“单手过肩引体向上”是一种常见的引体向上技术，可以用 Flash 格式分解为“错开、伸展、弯曲和拉动”等关键动作，还可以使用 Flash 游戏来帮助学生加深理解。

3. 搭建网络教学平台

网络化学习平台并不新鲜，在中国的大学教育中日益推广。利用校园网、学生的计算机端口和学校的资源库，学生可以及时获取和下载相关信息，进行学习、考试、报名、缴费等一系列功能。提高了使用的便捷性和信息的完整性，为在平台上建立体育教育自学模式的网络学习平台提供了良好的基础。

虽然基于网络的平台在一些学科中被广泛用于学习和教学管理，但大学在体育教育中并没有充分利用这些平台，因为体育教育的重点仍然主要在操场和工作场所学习。事实上，分析表明，在自主教学模式中，学习伙伴和学生之间及时有效的沟通和资源分配是最重要的，这通过四个子系统发生：组织和指导、教学、过程控制和总结性评估。因此，大学应该充分利用他们在这方面已有的软件和校园网络设备，加快建立体育教育自主学习的网络平台。

第六节　体育快乐教学模式

一、概述

（一）快乐体育的基本要素

1. 环境优化

“硬环境”美化、协调；“软环境”（人文因素）健康和谐。

2. 情感驱动

教师必须以敏感的态度进行教学，通过爱护学生、学习材料和任务，以及在教师和学生之间建立民主和合作的关系，鼓励学生努力学习。

3. 协同教学

协同学习是指运用协同理论的原理，强调学习过程中教与学要素之间参数配置的协调、同步和互补，以建立学习活动的协同和高效运行机制，提高学习活动的整体效益和附加值。协同学习涉及启发式和创造性学习方法的有机结合，其主要特点是在内容上强调“开放式学习”，在形式上强调“自组织学习”。

4. 增力评价

它包括口头的形成性评价和激励性评价，是教师的一种即时反馈形式。在实际应用中，应注意以下内容：①形成性评价要及时、准确，激励性评价要及时、频繁；②要有效、实用；③要避免超负荷；④要强调多元性。

5. 快乐体验

我们所说的快乐体验，主要是指快乐的体育体验和成功体验。学习的重点是不同运动的具体快乐。在实践中，应注意以下几点：①教材要符合学生的身心特点，满足学生对体育的兴趣与需求；②“情知结合”，使学生有强烈的学习欲望；③加强教学方法的导向，使学生的学习建立在“我想学”的基础上；④注重非同步学习，因材施教，使每个学生都有自己的学习目标和发展机会。

（二）快乐体育教学模式的基本内涵

1. 注重学生在体育教学过程中的主体地位

快乐体育非常重视学生在体育教学过程中的主体作用，充分强调内生因素，即学生本身在学习过程中的首要作用。快乐体育理论认为，强调学生的主体作用，激发和保持学生的学习兴趣和动机是提高教学效果的有效途径。对于人的发展来说，兴趣和动机是构成人的个性特征的一个重要部分。此外，教师从事体育教育的原因不同，取决于他们的目标、个性心理、教学方法和技巧等。教师只有尽可能地适应学生的需要，因材施教，积极鼓励和引导学生，才能取得良好的学习效果。

2. 建立和谐的师生关系

体育教育是一项多方面的、双向的、多中心的活动。体育教师控制着学习的方向、进度和内容，通过高昂的斗志、广博的知识、精湛的运动技能和生动、形象的讲解，在教学中起着主导作用，教育和影响着学生。学生是学习的主体，目的、态度、动机、热情、体能、兴趣、思维能力、情感等直接影响学习效果。快乐体育强调体育教学中教师、学生的双向关系，强调建立教师与学生、学生与学生之间的和谐关系。

3. 追求学生个性的和谐发展

快乐体育认为，促进学生个人和谐发展是快乐体育的根本精神所在。快乐体育与学生的个人发展之间存在着辩证关系：一方面，学生的能力和个人发展水平充分体现在他们对体育项目的选择上，体现在他们对体育项目的热情和主动练习上；另一方面，快乐体育的过程促进了学生的个人和谐发展，帮助他们加深了体育潜能和对体育的喜爱。这两方面相辅相成，通过提高学生的身体素质，促进了所有学生的智力、心理、审美和技能的发展。在快乐体育的理念指导下，学生们的独立性、自主性、创造性、情感和爱护、欣赏和表达美的能力得到了发展，同时他们的精神生活得到了丰富，人格得以全面发展。

4. 增强体育教学活动本身的快乐和吸引力

体育教学的艺术在于鼓励学生享受体育活动，学生的自发和独立学习变得非常重要，而满足他们对体育活动的欲望就会导致享受体育活动。这种欲望的水平越高，越明确，从满足这种欲望中可以得到的快乐就越大。因此，体育课不应该是教师的必修课，而应该是学生自发和独立享受运动的课堂。丰富、多样、生动的教学方法和新颖、有趣、合理的课程内容可以不断激发学生新的好奇心，鼓励他们发展更高层次的好奇心。

5. 进行思想品德教育和提高运动技能

体育教育不仅仅训练身体，也训练思想。社会越是发展，对道德感和适应社会生活的能力的要求就越高。体育教育可以培养学生某种符合社会生活要求的个人和社会行为，以及适应时代精神的道德品质、文明礼貌和道德情操。快乐体育在关注学生的主体性和个人发展的同时，还重视通过积极参与提高运动技能，培养终身体育技能和习惯。

（三）快乐体育的实施原则

1. 教育性原则

将德育融入体育教育是体育教育的基本要求。在快乐的体育教育中，

“寓教于乐”对培养学生良好的心理素质至关重要，包括所有非智力因素，如目的、兴趣、情感和意志。

2. 趣味性原则

教师喜欢教学，学生喜欢学习，这创造了一个良好的学习氛围。当体育课轻松、舒适、快乐时，学生就会喜欢学习动作和技巧。

3. 情境性原则

将体育教学活动置于一定的情境之中，使学生贴近生活，使体育学习变得亲切、自由和愉快。

4. 激励性原则

一方面，教学必须是“热情的”“激动的”，以便向学生灌输主动学习的精神。另一方面，必须“刺激思想”“刺激智力”，激发学生的智力活动，以实现在幸福中发展，在发展中幸福的目标。

5. 实效性原则

近期目标是培养学生良好的学习习惯和乐学精神，提高教学质量，远期目标是面向终身体育，发展体育素质。

二、体育游戏与快乐体育教学模式重构

（一）体育游戏的内涵

作为一种社会现象，体育游戏是随着社会的出现和发展而发展的。在人类社会的漫长历史中，体育游戏经历了一个出现、演变和不断完善的过程。

有研究者认为，体育游戏是一种以体育锻炼为主要手段，提高身体素质、娱乐身心、培养气质的现代游戏方式，是按照一定的目标和规则进行的有组织的体育活动，也是一种自觉的、创造性的、积极的活动，其主要特点是宣传性、普及性和趣味性。体育锻炼是有助于按照一定的规则全面发展道德、智力和身体素质的主要内容，体育锻炼和训练心理的方法也有很强的娱乐因素。体育游戏在传授人体基本动作，改善人体体质和智力，培养气质，唤醒对体育活动的兴趣等方面发挥着积极作用。

综合以上对“游戏”和“体育”含义的理解，可以明确体育游戏的定义：体育游戏是指按照一定的目标和规则，作为人的身心普遍发展的主要手段而组织起来的一种体育活动，是一种结合体力和脑力活动的自主活动，具

有高度的娱乐性和明显的教育价值。游戏的体育理论作为游戏理论的二级理论，它有一个完整的、合乎逻辑的游戏理论体系。❶

（二）体育游戏的特征

1. 趣味性

词典上说，“游戏是带着感情玩的东西”，也就是说，有趣和好玩的东西，以某种智力方式娱乐人们，满足他们对娱乐的需求。虽然它们不直接产生物质利益，但它们吸引了广泛的人群。不管是什么类型的游戏，组织参与娱乐活动的第一件事是它应该是有趣的和有吸引力的。这也适用于体育游戏，乐趣是体育游戏的首要特征。如果一个游戏没有乐趣，它就不能被称为体育游戏，只能称为运动或锻炼。

2. 教育性

体育游戏是学生的“好老师”，是体育教师的“好朋友”。它丰富了学习内容，提高了学生的积极性，培养了学生的思维能力、创造能力和竞争能力，提高了学生的注意力，改善了心理健康，完善了人格，培养了意志力，建立了良好的师生关系，提高了身体素质和健康水平，使学生在德、智、体、美各方面都得到发展。体育游戏体现和贯彻了“健康第一”的思想，必将在未来的体育教育中发挥越来越重要的作用。

3. 竞争性

大多数体育比赛都具有竞争性，目的是争取个人或团队的胜利。比赛的数量、质量和速度一般是决定胜负的标准。因此，它充分反映了游戏参与者的身体和心理的竞争特点。通过游戏的活动，可以提高参与者的身体素质、思维能力、适应能力和创造力，游戏鼓励学生之间以团队合作的精神团结互助，使竞争者获得精神上的满足。

4. 科学性

在体育比赛中，要按照“由易到难、由浅入深、循序渐进”的原则，兼顾学生的知识、技能、体能和入门水平，对不同年龄、不同性别的学生要区别对待，科学组织，做到因材施教。同时，在比赛过程中要密切关注学生的身体状况，科学合理地控制运动的频率和量。

---

❶ 谢宾，王新光，时春梅．高校体育教学与运动训练研究［M］．长春：吉林人民出版社，2021.

（三）基于体育游戏的快乐体育教学模式重构措施

1. 贯彻安全、健康和娱乐三者统一的教学指导思想

安全是体育教育中的第一个问题，它限制了体育活动的发展，因为若有安全问题，后果很严重。健康是体育教育的目标，娱乐与健康相辅相成，这两个概念在此对立，主要是因为娱乐是实现健康的必要手段。因此，只有把这三个概念结合起来，我们才能准确界定快乐体育的指导思想。快乐体育的原则是以更安全、更健康和更愉快的方式来补充学校课程。这三个概念之间的关系是相互依存、不可分割的。

安全是课程实施的基础，是对学生的基本保护。健康是体育教育的核心，其目的是通过体育活动改善学生的身体状况，以达到健康的目的。娱乐是在前两者的基础上对身心进行再创造，以达到活跃身心的目的，这也是具有说教效果的快乐体育教育。

2. 建立增强体质，促进人格完善的教学目标

众所周知，科学的体育活动会带来更好的健康。大量的研究表明，学生在积极参与体育活动时，思维会变得更加活跃和生动，他们的创造能力也会得到明显提高。同时，人格社会化可以通过活动环境加速，学生的认知能力以及人格社会化的发展可以促进个体的完善。社会的发展需要越来越多的人才，而人本身的基本素质也必须提高。在小学课程中，培养学生的身体素质和健康技能是体育课的一个组成部分。当前社会需求和课程要求不断变化，体育课改变方式的基本思路是使学生更好地实现学习目标、体育的快乐整合，学生心智能量的快乐整合，使人的身体得到锻炼，心智得到锻炼。

3. 建立“因人而异”的教材体系和“因材施教”的教学方法

教学和学习方法是课程的核心。好的教学方法可以更好地辅助教学，有针对性地使用好的教学方法可以提高教学质量。由于学习者受多种因素影响，个体特征差异明显，教师需要根据实际情况调整教学，灵活选择和设计教学内容和教学方法，以及难度和锻炼要求，以满足每个人的实际需要。人性化的教学更能体现出针对每个人的成功体育教育模式的重要性。

4. 建立以游戏理论为辅，不断创新并达到培养学生身体发展为目标的教学内容

大多数现代体育课程都是以教授基本技术和基本教学方法为基础，这永远无法使学生更好地理解和掌握技术。在教学过程中采用各种游戏化的方法来提高学生的积极性，促进学生的身心发展。游戏与教学方法相联系的游戏性，使学生有机会以一种有趣的方式学习知识和内容。游戏的理论基础相当深厚，使用起来没有局限性，但也有一定的人文整合性，所以教师在组织教学内容时要体现这一点、这可以在新的体育教学方法中体现新的元素，强调学习的游戏性，但不是把体育课变成基本的游戏课，而是把游戏方法和理论作为一种辅助性的教学手段，产生良好的教学效果。

5. 建立以教师为主导，教师与学生共同为主体的教学群体

虽然学生是学习的主要对象，但教师必须为他们提供必要的体育知识和技能；教师必须鼓励和培养他们自主学习的积极性；学生实现自主学习、合作学习和探究式学习离不开教师的帮助。然而，教师也应该让自己成为主体，与学生一起感受和体验，在指导过程中进行互动，使体育教育的所有参与者成为一个反馈系统。

6. 建立以重视情感投入为主并培养学生自主学习和合作学习的教学过程

体育教学过程不仅仅是传授体育知识和技能，更重要的是培养师生之间的情感和情绪交流，以及态度和行为的互动和影响。教师根据自己的需要激发学生的兴趣，最终形成学习动机，而学习动机可以克服许多传统学习模式中学生处于被动状态的缺点，激发学生的自主学习，并增进师生之间的关系，使他们在上课时相互学习，共同发展，为学生提供愉快的学习体验，这也有利于营造和谐、合作的学习环境。

三、高校快乐体育教学模式的应用

（一）理论基础与实践结合

每一种教学模式的创新都需要有坚实的理论基础，并建立在不断研究和实践的基础上。要实现体育教学的创新，不仅要在学习内容、教学方法、教学评价方式等方面下足功夫，还要保证在实际应用中适应由于某些因素造成的教学方式的不断变化。不同时期、不同教师、不同教学时段等不同因素的组合，可以实现灵活多样的教学。例如，将个性教学模式与游戏化的体育理论相结合，创造出社会多元化的均衡个体；将解决问题的教学模式与布鲁纳的发现理论相结合；将体能提升教学模式与享受理论相结合，将享受理论与游戏化的体育原则相结合。

（二）情绪感染，调动学生的学习热情

在向大学生教授一项受欢迎的体育活动时，教师的热身准备非常重要。在这个过程中加入热身活动可以帮助学生在最短的时间内增进彼此的感情。在传统的体育教育中，教师在体育课上教授大部分的身体技能或活动，教师和学生都把注意力放在“锻炼”上。体育教师缺乏肢体语言技巧，导致学生严重缺乏情感影响，无法激发学生的学习动力。

（三）强调学生的主体性

成功的体育课所采用的组织形式应该是以学习者为中心，反映和引导学习者在各方面的主观意愿。然而，重要的是不要让学习者有盲目的偏好。例如，在制定以掌握为基础的教学模式时，教师可以让学生选择自己最擅长的体育技能，同时将其引入教学体系，然后根据学生自身情况制定体育教学制度。此外，在基于目标的教学中，学生可以根据自己的能力选择自己的学习目标。

（四）体育教学手段要丰富多元化

教材内容、教学方法、教学形式和教学评价都是寓教于乐体育的一部分。因此，寓教于乐的体育教学的创新应该体现在这些方面。例如，在对大学生进行体育教学时，可以采用在中国竞技体育领域发展迅速的体育教学方法，如改进基础训练等；也可以通过引入健康周期理论和改进运动技能的评估，在体育教学中融入一种扩展学习的形式。

（五）体育游戏让学生收获快乐

体育游戏生动活泼、色彩丰富、易于操作，可以为学生提供愉快的体验，同时帮助他们充分理解体育教育的目的。大多数学生不自觉地认为，体育课应该以游戏为基础。因此，教师需要了解学生的游戏性，并将其纳入体育游戏的学习材料中。

（六）利用现代科技发展促进体育课程改革

随着技术革命的深入，学科的渗透与交叉，分化与综合，以及知识结构的变化，体育课程需要采用新的教学方法、组织形式和技巧，最大限度地调动学生的积极性和主动性。快乐体育强调，体育教育应注重满足学生的动机

需求，使他们能够愉快、自主地从事体育活动和锻炼，发现自己在体育活动和运动中的参与、创造和享受的潜力，并通过体育活动自觉、主动地发展自己的体能，提高运动技能。

（七）培养学生对体育运动的兴趣

遵循运动教育规律的体育教育体系，注重运动技能的系统教学，强调技能掌握的评估，也被称为“三阶段”的学习过程。体育教育计划应以发展学生的身体技能为目标，使他们能够体验到体育活动的乐趣，并形成长期参与体育活动的愿望和兴趣，从而为今后的终身体育活动打下坚实的基础。

（八）努力建立融洽的师生感情

中国大学体育课程的新理念明确指出，教师传授知识和开展教学活动的过程实际上是一个知识传授的过程，也是师生情感交流的过程，任何学科的课堂学习和教学效果都是以师生的情感交流为基础的。因此，在大学体育课堂上应用快乐学习法时，必须建立起温馨的师生关系和平等的师生关系。例如，教师可以在体育课上引入小组合作学习法。在与学生的小组讨论中，大学体育教师的作用不是指挥和评判，而是评价、促进和组织，或者说是引导学生深入理解体育信息和内容，耐心地帮助他们摒弃不正确的信息和观点，接受正确的信息和内容。教师需要找出学生出错的原因，无论这些原因是学习态度、教学方法还是其他原因。然后，教师应提供机会让学生进行小组合作学习和交流，由小组成员共同解决学习过程中出现的问题。

第五章　体育教学方法的创新与实践

在我国高校体育课程教学中，相关人员不断探究和尝试运用多种创新型的教学方法和模式，来达到提高体育教学效率的目的。目前我国对于教学方法的研究还不是十分深入，本章即针对体育教学方法的创新与实践进行探讨，以期对体育学科的教学产生积极作用。

第一节　体育教学方法与创新教育的探讨

高校体育教学创新研究是新时期体育学科的特点，是时代发展的必然趋势，是素质教育在高校体育教学领域的具体体现。高校体育教学的创新研究可以培养学生的创新精神，更重要的是可以培养学生的自主学习能力和手脑结合能力，所以应该是我们体育教育在这个时期的使命和共识。

一、创新教育的含义

创新教育是一种利用个人的创造潜能，培养人的主体精神，促进人的个性和谐发展的教育。其本质在于尊重人的创造性活动规律，以培养人的创造性品质和培养创造性人才为目标的规律。创新教育是以培养人的创造力为目的的教育。创新教育不是一种具体的教学方法，而是一种意义深远的教育思想。创新教育思想是我们时代的产物，是知识经济时代对教育的必然要求。

二、新的体育教育思想指引体育教学方法的变革方向

体育教学方法的产生和发展始于教学思想，教学方法是教学思想在教学活动中的具体体现。在教学过程中，不同的教学思想的实施会导致不同的教学效果，那么教学方法的效果和作用就会有很大的差别。社会的变化也影响着体育教学思想的不断变化和更新，而这又直接影响着教学方法的不断更新

和发展，促进了教学方法的全面发展。

三、当前体育教学方法改革面临新的问题

（一）传统教育思想的制约

传统的体育教育观念是为了改变儿童的身心状态，以达到预期的教育目标。这种传统的体育教育观往往只注重教员的作用，而忽视了学习者的主观能动性，从而阻碍了学习者的自主学习能力。在创新和素质教育的今天，传统的教学方法已经不适合当今的教育发展的需要，如果不进行改革，将阻碍现代教育的发展。传统意识形态的体育教学模式限制了学生的创新能力，导致学生在体育课上缺乏主动性，限制了学生的发展。目前的教学压制了学生的个性和活力，很多学生为了学分而上课，没有主动性，这严重影响了学生创造力的发展，降低了学生对课堂的兴趣，不能使学生得到全面均衡的发展。

（二）体育教学模式缺乏创新

中国传统的体育教学模式已经不能适应发展学生身心健康的需要，因为目前教师处于中间位置，是知识的传播者和扩散者，扮演着教育者和行为者的角色，直接影响着学生的健康发展，而学生则是外部教育者的接受者，是强加的知识和观念的对象。体育教学的重点是教师的说教活动，传授知识的方法和手段是教师的技能和技巧。在教学过程中，教师的解释和说明是主要的教学方法。这样一来，教师把自己置于学生之上，忽视了学生的独立学习能力，对学生的自主性视而不见。同时，他们往往指责和训斥学生，无情地破坏他们的个性，压制他们的创造力。这导致学生在学科中的作用被忽视，直接影响他们的创造力，不利于发展全面的、高质量的教育，不利于改善他们的身心健康。

四、高校体育教学方法创新探讨

（一）构建有效的教学模式

要实现高校体育教学方法的现代化，需要有先进的理论思想来指导教学实践，少走弯路。当今高校教学方法创新理论的转变，需要重视现代科学方法和心理学教学研究，了解当今学生的具体情况，然后才能进行体育教学创

新。信息论、系统论和控制论等思想的出现，使今天的体育教育从思想到实践都发生了广泛的变化。体育教育的研究越来越受到重视，特别是在提倡文化素质教育的今天。高等教育中的创新教育是高等教育的一个新模式。中央教育科学研究所的研究与实验计划将“创新教育”定义为以培养创新精神和创新能力为基本价值的教育实践，是以培养创新能力为主要目标的教育。高校的创新教育是在中学已经提供的“贡献方法和技巧”的基础上，重点培养大学生的创新精神和创造力，是培养创新人才的平台。要形成高校体育教学方法的创新理论，必须先了解什么是创新教育和创新方法。经过多年的研究和发展，创新教育已经形成了一套教育管理和教学方法的理论和有效措施。我们可以通过借鉴古今中外的优秀教育经验，结合体育教学方法的实际情况，努力形成高等院校体育教学方法的创新理念。

（二）引进创新型体育教师

体育教学方法的创新是大学体育教育创新的关键，这就需要培训和培养有创造力的高素质体育教师。创新型体育教师可以通过不同的方式进行培训，可以通过校本教育培训，也可以通过体育教师的专业培训和培训渠道。同时，要加强体育教师培训的专业化建设，充分发挥教育在创新教师培养中的渠道作用，这就需要高等院校立足长远实际，进一步优化体育教学机制，改善体育教学和学科教学的专业化条件。

创新教育离不开现实生活中的实际行动，所有创新人才的涌现都离不开实践。只有在实践中才能发现根源，才能真正创新，才能对症下药，找到不足的原因。我们常说的理论创新、体能创新、科技创新等都离不开实践，体育教育方法的创新也不例外。只有在实践中，体育教师才能理论联系实际，在真实的环境中探索教学创新，提高自己的创新意识。同时，带动身边的教师和学生将理论付诸实践，在实践中创新，在实践中探索，在实践中出彩，在实践中论证自己的创新。现在世界开放，国际交流频繁，通过交流学习先进的体育教学理念和模式，对强化创新教学理念至关重要，对培养创新型教师也有非常重要的作用。把学生放在体育教育的中心，需要体育教师在这个领域有高水平的专业和文化知识。体育教学需要高水平的专业和文化知识，并能为学生提供详细的专业课程和明确的知识基础。同时，学生必须能够独立学习，培养创新精神，树立高等体育教育和终身体育教育的理念，充分理解现代体育教育的思想，以不断革新和深化体育教育。

（三）引进国外先进体育教学方法

在国外，体育教育的教学和研究起步较早，发展较快。多年的实践和改革，形成了丰富的经验和教学方法。例如，有一些方法是教学生学习，提高他们独立学习的能力，如西德的“模式教学法”、美国的“预组织教学法”和中国的“自学法”。这种方法向学生传授专家知识的基本结构，使他们能够掌握专家知识的结构，通过自学提高学习能力。还有一些培养学生主体性和实践能力的方法，如罗杰斯的“无方向教学法”，美国的“合作学习法”和中国的“成功学习法”。这些方法都是为了激发学生的主动性，帮助他们自主学习，培养他们运用知识解决实际问题的能力。在体育教学法的基本理念和方法指导下，我们应积极推行国外先进的体育教学法，发现和继承中国传统体育教育的精华，整合和优化体育教学法，将其与高校体育教学的实际联系起来。在实施国外先进的体育教育方法时，不能盲目跟风，不能照本宣科，要根据我国体育教育和体育训练的实际情况、文化水平、学生的心理状态等，用国外先进的体育教育理念指导中国体育教育方法的创新。在实施和整合的过程中，结合我国的实际情况，逐步找到适合高等体育教育的先进体育教学方法。

总之，新的体育教育理念和体育教育思想的创新层出不穷，迫使我们必须与时俱进，走在发展的前沿。探索和引进体育教育的新模式和新理念，有助于在高校中打造体育教育的先锋，推广新型的体育教育，打破传统的教育模式，在研究中进步和发展。我们的目标是创建进步的优秀大学，引领下一代的改革和体育时尚。

第二节　体育教学方法创新策略

在我国，由于教育训练强度大，学生的体育训练相对较少，许多学生由于学习压力大，课时紧，很少有时间参加某些体育活动，导致学生在学习阶段的体育准备不足，缺乏坚强的意志，阻碍了社会公民意识的形成。学生对常规体育教育的参与程度不高，主要是由于教学方法不完善。在这种背景下，教育部决定对体育课程进行改革。本节介绍了对这一决定的研究，具有很强的针对性。

一、体育课程改革背景下创新高校体育教学的意义

在体育课程改革之后，必要时应对传统的体育教育进行修改。事实上，体育教育改革放宽了过时的竞技体育教学模式，树立了健康教育优先的指导思想，强调了体育课程中功能培养的重要性，从而提高了体育课程的全面性。新的体育课程将激发学生对体育的兴趣，帮助他们培养终身体育精神。丰富多彩的体育教育和运动课程培养了学生强烈的使命感，提高了学生的社会融合和互动能力。这是通过竞争性的团队运动来实现的，它加强了归属感和合作感，以及在竞争环境中相互帮助的意识。修订后的体育课程注重以人为本的教学方法，关注个体差异和不同需求，使每个学生在上课时都能得到积极的信号，这对他们的成长和发展非常重要。此外，修订后的标准强调了体育课程资源的开发，对丰富体育课程的形式和促进体育教育的创新起到了积极作用。

二、目前高校体育教学中存在的问题

（一）教育方法单一

受传统教学观念和思想的限制，现在很多高校的体育教师在教学过程中经常面临着一个比较独特的教学方法问题。在教学过程中，教学的主要目的仍然是向学生传授运动技术，教学方法仍然遵循传统的方法：讲解、示范、练习。在这种教学方法中，可以想象大学体育课的教育效果，肯定不会过分。事实上，传统的体育教学方法已经逐渐落后，开始出现许多缺陷。在新形势下，高校体育教育的目的和形式已经发生了变化，原来的传统教学方法和形式已经不符合新形势下高校体育教育的要求。因此，大多数高校体育教师的思想观念应不断发展，吸取传统体育教学模式的长处，不断革新高校体育教学方式，以利于高校体育教学的发展和学生及院系的整体身心健康。

（二）实际效果不明显

事实上，目前的体育核心课程在很大程度上是对原有体育课程的深化和重构的结果。因此，创新不可避免地成为高等院校体育课程的核心内容和功能。我们了解到，由于传统的体育教育将教授标准化的技能视为唯一的目

标，许多教师喜欢教授学生能在短时间内掌握的技能。还有一些教师过分强调技能教学，注重学生准确执行运动动作和掌握运动技能的能力，却忽视了学生的观察能力、创新能力和独立学习能力。

此外，许多体育教师推出了非常有效的教学方法和手段，在体育教学的创新过程中，为高校体育教学方法的更新做出了重要贡献。但与此同时，很多大学体育教师过于重视课程的形式，却不重视课程在教学中的真正影响，也就是说，教学的真正影响并不明显，甚至有些教师在课堂上用高水平的体育教学方法来展示一种新的教学理念，可能会给学生一种新奇感，但由于活动的不适应性，可能仅会尝试一次。

（三）学生自我学习意识不强

由于传统意识的影响，许多大学体育教师已经习惯了以讲课为主的教学模式。尽管这种教学模式在某些方面是有效的，但它不足以促进学生的主动学习和创新。即使在今天，这些旧的教学方法仍然很普遍，教师们倾向于“照本宣科”，不考虑学生的个体差异。然而事实证明，学生的个性是其心理健康发展和现代社会人力资源质量的基本前提。因此，体育教师应该在学生的不同情况下支持和鼓励他们。

三、影响创新的原因

（一）教师素质的原因

高校体育教师提供的教学质量是体育教育创新的一个重要因素。虽然到目前为止，学生是大学体育教育创新最重要的对象，但教师在激励学生和帮助学生发展自身能力方面的领导作用也是不可忽视的。教师的能力直接影响到学生创造力的发展，因此，大学体育教师要善于引导和帮助学生学习，对学生的学习和心理状况有充分的了解，并不断鼓励学生发挥创造力和想象力，才能最终创新体育教学方法。目前，中国大多数大学的体育教学方法只有一种，体育教师的素质和教学理论不足，导致很多学生对体育教学缺乏兴趣，创造性想象力逐渐下降。为了改变这种状况，教师应该为学生提供足够的学习和参与体育活动的空间，让学生根据自己的喜好选择参加体育活动，从而培养学生在体育活动中的游戏性、想象力和创造性。

（二）学生自身的原因

影响高等教育教学方法创新的最重要因素是学生本身。学生参加体育活动的动机，他们对某些运动的兴趣，以及在运动时的想象力，直接影响到高等教育中体育课程的实际效果。即使学生有天赋，如果不积极参加体育活动，他们的天赋也不会在大学的体育教育中得到发展。

其中一个关键因素是学生对体育的兴趣。作为最好的老师，兴趣不仅是学生参与体育教育的理由，也是学生成为积极学习者和创造性个体的重要前提。如果学生对体育活动感兴趣，他们就能全身心地投入学习和体育活动中，意志力也能得到提高。如果学生的思维能力在大学的体育课上得到发展，他们的能力在某些情况下就会显现出来，不断涌现新的想法和思路。

四、体育课程改革背景下创新高校体育教学方法途径探析

（一）丰富体育教学开展形式

体育教育改革应注意创新体育教学方法，以提高学生参与体育课的积极性。例如，教师可以在热身课上加入音乐，让音乐的节奏缓解热身疲劳；在拉伸课上，教师可以加入舒缓的音乐，让学生在优美的音乐影响下放松，减少生理和心理上的热身疲劳，使学生更容易吸收教师讲解的信息。教师还应该在课程中不仅设置适合室内活动的运动，还设置户外运动（如攀岩）这样学生就可以在户外环境中进行运动，而且这些运动可以增加他们的体力，训练他们的意志力，最重要的是让他们产生参加运动的兴趣，这对将来培养长期的运动习惯很重要。

（二）加快高校体育教师队伍的建设

与其他形式的文化课程不同，体育教育需要教师的全面监督，以便学生能够在相对安全的环境中学习。在实践中，学校可以聘请优秀的省级或国家级教练员作为专职（或兼职）体育教师，他们不仅可以按照常规方式指导学生，还可以利用自己的专业知识为学生提供各种有效的学习方法。我们的学校也可以对在职体育教师进行培训，注重体育教师的质量和数量，保证学生的体育课质量。培训体育教师的方法和过程如下：理论培训—实践培训—体验式学习。在理论培训方面，学校应使用优秀的、有声望的体育教师，详细

解释不同运动的性质。然后，教师必须开发出实施不同运动的创新方法，并通过评估和同行学习不断改进体育教学的新方法。

（三）制定规范化的体育运动安全防护体系

为了增加学生体育活动的数量和安全性，应规范体育安全管理的内容。在不同的环境下认真管理体育安全管理机制，将确保学生体育活动在安全和有组织的环境下进行。因此，应完善所有大学体育的安全措施。对不同的运动项目应提供适当的应急措施，教师应在新的运动项目开始前进行练习，以便在一定程度上保护学生的生命安全。首先，应该聘请专业的运动员和教练员为学生和教师讲解安全措施，让他们知道体育中安全措施的要点，使学生在紧急情况下能够采取自卫措施。其次，大学在引进新的体育项目之前，应组织应急小组，以随时协助采取安全措施。最后，学校应配备足够的安全设备和应急包，以备不时之需。

为了全面提高学生的教育质量，发展创新的体育教育，体育课程的改革十分必要。因此，大学需要改进和更新体育教学的内容。本研究提出以下措施：丰富体育教学形式，加快高校体育教师的培训，制定规范的体育教学安全制度。希望高校体育教师能从本研究的内容中得到启发，并运用到实际教学中去，对其进行改进和优化，从而提高教学质量。

第三节　体育教学中分层次教学法的应用

近年来，大学体育教师尝试了多种新的教学方法，其中分层次教学法具有独特的优势，被广泛采用。鉴于学生在身体素质、兴趣爱好和个性特征等方面存在很大差异，必须结合每个学生的特点，积极推行分层次教学法，以提高体育教学的效果。

一、分层教学方法的概述

（一）分层教学法的内涵

分层次教学是最近在我国普及的一种创新的教学方法。其应用是通过分析学生不同的感知技能、能力和知识水平等因素，并根据这些因素将他们分成不同的小组。虽然每个小组的整体水平不同，但在同一小组内，学生之间的关系更加密切，能够相互帮助，共同进步。在高等教育中应用分层教学法，意味着根据学生的体育活动和体能水平将他们分成不同的小组，为每个小组设定不同的学习目标，从而实现真正的以能力为基础的学习目标。此外，分组教学还可以有效地加强团队精神和学生的责任感。最后，体育老师会针对不同小组的学生引入不同的评估方法，以便更好地教学。

（二）分层教学法的本质

众所周知，分层次教学的吸引力可以有效弥补传统教学方法不考虑学生独特性的弊端。在日常体育教学中，由于每个人的先天差异和环境影响，学生之间的体育教学质量差异是不可避免的。然而，分层次教学是一种新的学习模式，它结合了学生的个体差异，制订了科学有效的方案，以实现在体育教育中发挥学生潜能的目标。

二、在高校体育教学中应用分层次教学法的重要性

（一）将分层次教学方法应用到高中体育教学中，可以更好地因材施教

每个学生都从不同的教育和学习环境中受益，这导致了在气质和习惯方面的许多个体差异。这些差异是导致学生在体育课上产生不同结果的重要因素。分层次的方法不是只关注学生的成绩，它允许在尊重学生差异的基础上完全自主，同时促进基于个人需求的有效教育提供。

（二）分层次教学方法的应用可以提高教学质量与效率

通过采用高校体育教学的渐进式教学方法，体育教师可以为不同层次、不同班级的学生制定不同的方案和目标，组织不同的学习内容。这样可以保证每个学生都能通过自己的努力取得进步。这样，学生可以通过实践来丰富自己的经验，激发他们学习体育的积极性。此外，每个学生都有不同的学习困难，通过采用基于水平的方法，体育老师可以了解每个学生的不同困难，并对他们进行相应指导。这不仅节省了时间，还意味着可以更有效地解决问题，使学生有更多时间用于其他科目。

（三）分层次教学方法的应用可以提高体育任课教师的专业水平

分层次教学法比传统教学法要求更高。在高等院校使用分层次教学法进行体育教学时，体育教师必须深入了解学生的实际情况，然后对学生进行分

类，针对不同层次的学生制定不同的课程和教学内容，以有效实现学习目的和学习目标。同时，体育教师必须积极调查体育教学中可能出现的问题，并制定措施加以补救。这种持续的学习是提高体育教师个人技能和教学经验的有效途径，对提高专业技能有很大的积极作用。为了保证和谐教学，学校需要提高教师水平，加强教师培训，提高体育教师的综合能力，打造一支高素质的教师队伍，为大学体育的和谐教学提供坚实的保障。❶

三、分层教学法的具体实施策略

（一）在充分考虑当前大学生实际情况的基础上进行分层教学前的设计

在向大学生引入分层次教学之前，必须要有科学合理的规划。在引入多层次教学时，必须充分考虑到所有学生的实际情况和他们在课堂上的运动特点，然后在课堂教学中有针对性地实施多层次教学。只有这样，才能有效地激活学生的学习动机，实现终身体育意识的目标。特别是，在发展差异化教学时，必须摒弃传统的个人或小组教学，但将同一水平的学生放在一个小组中尤为重要。在确定水平之前，最好对所有学生进行一些方面的测试，如体能、学习态度和具体特征。体能测试可以侧重于速度或力量，例如 50 米跑。具体的技能测试可以在特定的比赛中进行，或者通过检查学生的电子记录来了解他们在进入大学之前是否已经掌握了某些体育技能。对学生态度的评估主要在体育课上进行，通过密切观察和耐心讨论。根据多重测试的结果，体育教师就可以根据某些标准对所有学生进行分类。第三层次的学生一般包括身体不健康，很少主动参加体育活动的学生，但他们对学习体育活动非常认真，而且很感兴趣；第二层次的学生包括身体健康，喜欢体育活动，但没有掌握一项运动的学生。第一层次的学生身体健康，对体育教育有浓厚的兴趣，有一项或多项具体技能，能够在课堂上与体育教师密切合作。在课程开始前将学生分成小组，有助于避免损害学生的自尊心和自信心，以及避免重复学习。

（二）科学制定层次化的高校体育教学目标

高等学校体育教育的目的不是要锻造学生超人的体能，而是要对高等学

❶ 常德庆，姜书慧，张磊．高校体育教学与运动训练研究［M］．长春：吉林出版集团股份有限公司，2020.

校学生进行健康的体育知识教育，不仅要帮助他们慢慢积累体育知识，而且要不断注意提高自身的体能。在这个学习目标的基础上，一旦对学生进行了分层，就要根据不同层次学生的知识结构和学习特点，合理地制定分层学习目标。当然，这一目标并不意味着不同层次学生的体育教育标准应该不同，而是指不同层次学生的教育目标的差异应该体现在体育教育的总体目标中。这些有区别的教育目标可以帮助不同层次的学生实现他们的学习目标，感受到成就感。

（三）分层设计高校体育教学内容

由于所有的大学生都是按照不同的标准和要求进行分级的，我们需要认识到各个层次的学生有不同的起始能力。因此，我们需要在课程内容的组织上有所区别，并考虑到其中的一些差异，同时确保所有学生的整体体育能力水平得到提高。尤其是3级学生，他们可能不会严格按照课本要求，而是通过比赛或竞赛来提高自己的技能。对于1级甚至2级的学生来说，最好是按照课本中描述的方案进行，而不是故意不切实际地夸大方案。这样一方面可以让体能差的学生，达到基本的体能水平。另一方面可以让体能好的学生，继续提高体能，开发潜能。

（四）尊重大学生之间存在的差异

根据分层的结果选择不同的教学方法，从而考虑到每个学生的主要作用。学生之间的差异是客观存在的，教师必须认识到这一点。在对不同层次的学生进行教学时，应选择适合该层次学生实际情况的教学方法，使他们能够培养出自信、创造力、健康的竞争精神以及作为教师和学生的互动能力。然而，无论采用何种教学方法，重要的都是让每个大学生在课堂教学中发挥主导作用，让学生参与到真正的课堂教学中，体验成功的喜悦。最终，这将释放出学生的热情、创造力和学习的主动性。

（五）开展分层考核评价，培养大学生对体育学习的热情

一旦针对不同层次的学生组织了教学内容，制定了教学目标，实施了教学方法，那么问题就在于如何评估学生的学习成果。在对大学生的体育成果进行评估时，还需要按层次引入适当的评估模式，准备不同的评估内容，对不同层次的学生制定不同的评估标准和要求。例如，对低层次的学生应在掌握基础知识的基础上进行考核，对高层次的学生应在掌握技能和创新能力的

基础上进行考核。只有这样，才能考虑到各层次学生的学习实际情况，才不会因为评估中的错误而气馁，使大学生对体育教育充满热情。

第四节 体育教学中体验式教学法的应用

在高校中，体育教学是一个重要的教学环节，在认真实施教学改革时，体验教学法是一种重要的教学方法，将其引入体育教学课堂将大大提高教学效果。为此，在有效的工作实践基础上，对体验教学法进行认真探讨，在说明其意义和重要性后，重点介绍体验教学法的应用对策，落实具体措施，提高教学效果。

一、体验式学习的含义

（一）体验式学习的含义

体验式学习旨在吸引学生，让他们发现体育的乐趣。通过体验式学习，学生能够观察和理解他们周围发生的事情，并真正参与其中。教师在体验式学习中扮演着引导者的角色，以不同的方式鼓励学生在课前做好体验式学习，从而鼓励他们参与到体育运动中。

（二）体验式学习特点

首先，体验式学习强调学生在学习中的自主能动性，教师在体验式学习中扮演引导者的角色，让学生在心中感受到运动的快乐，自愿参与到体育学习中来。其次，体验式学习具有趣味性的特点，将学习与趣味相结合，兴趣是引导学生参与体育学习的起点。在教学中，教师根据体育教学的特点，通过有效的教学激发学生的学习兴趣，用兴趣来调动学生参与学习体育的积极性。最后，体验式学习更注重学生的心理功能，通过学习活动引导学生进行心理准备，关注学生在学习过程中的心理变化。

二、高校体育教学中体验式教学应用的意义

（一）体验式教学激发学生进行体育锻炼的兴趣

在传统的体育教育模式中，学生按照学校组织的课程来学习，学生按照

学校的要求来学习固定的体育课程，虽然在大学里可以随意选择体育课程，但是有很多体育课程是学生在进入大学课程之前就已经学习过的，这就导致学生的学习兴趣不高——体验式教育更多的是给学生进行户外体育活动的机会。在中国的大学里，户外体育活动还没有普及，参加体验式活动的学生数量有限，所以学生觉得体验式教育比较新颖，容易激发学生的学习兴趣。长期以来，学生都是在室内和固定的体育场馆中学习体育。他们更喜欢尝试户外体验式学习方法，更倾向于寻求户外体验式体育教育带来的刺激和真实体验。在大学体育教育中引入体验式学习，可以显著提高学习兴趣，帮助学生取得良好的学习成绩。

（二）体验式教学扩展高校体育的教学模式

目前，中国高校的体育课程大多以球类训练和田径运动为主，其教学方法也比较固定。指导教师向学生讲解运动安全和基本运动规则的相关知识，当学生在体育教学中遇到问题时，指导教师向学生讲解并指导学生解决问题，学生根据指导教师规定的考试要求学习固定的体育教学内容，学期结束时，学生根据考试要求学习固定的体育教学内容。体验教学法作为一种新的教学方法，对中国高校体育教育的发展有着重要影响。体验教学法还需要体育教师和学生的实践和改进，如果加以研究，可以大大提高体育教学的效率，有利于提高体育教学的整体水平。在教学形式上，实验教学形式丰富了体育教学方法，拓宽了体育教学的发展途径。

（三）体验式教学有利于培养学生精神品格和心理健康成长

体验式学习方法扩大了学习的范围，使学习不再局限于课堂，而是延伸到学生的整个学习过程，从而拓宽了学习的范围。体验式学习方法强调学生在学习过程中的参与和领导，让学生通过体验获得情感，通过实践探索知识，从而鼓励学生的研究和批判性综合精神。学生通过体验式学习更好地保留知识。体验式学习方法为学生创造了一个舒适轻松的学习环境，激励他们积极独立地参与到整个学习过程中。体验式学习消除了传统教学模式的局限性，使学生在不影响教学原则的前提下最大限度地发挥其独立性。在体验式学习模式中，学生面临着各种各样的挑战，在面对这些挑战时，他们表现出坚韧不拔的精神和适应能力，有助于塑造人格。体验式教育让学生与外界互动，鼓励学生之间的互动，帮助他们了解世界，促进身心健康发展。

三、体验式学习在高校体育教学中的具体运用

（一）科学制定学习目标，注重培养学生的独立意识

体验式学习并不是真正意义上的自由活动，而是让学生通过积极的娱乐活动来体验体育精神和获得体育技能的一种方式。这就要求教师不仅要有扎实的知识基础，而且要能够计划活动并将必要的知识融入到教学中，使学生能够反思、质疑、参与、学习和发展。为了做到这一点，教师需要能够确定他们自己在每个阶段和课程中的学习目标，并以合理的顺序进行计划和组织。例如，在关于野外生存的课程中，教师可能会把学生放在第一位，让他们在课堂上自言自语，解释他们能想到的东西，组织他们的想法，并准备在野外进行尝试。在这个过程中，教师充当向导，培养学生的自主意识。在实际的野外生存过程中，如果学生在准备过程中犯了错误，老师可以在休息时纠正他们，总结和巩固他们的知识，加深他们的经验。体验式教育理念的最终目的是培养学生解决问题的能力，这是与传统教育的一个重要区别。教师的作用被隐藏起来，学生的独立学习能力被发现并得到有效发展。教师必须简要地解释学生尚未理解的信息，并让他们在随后的实验任务中应用这些信息来解决问题。这样一来，学生可以加深对知识的理解，大大提高了学生的应用能力，帮助他们掌握知识。

（二）开展体验式体育教学，让学生在体验中提高技能

体育活动中的体验式学习包括心理和身体两个方面。为了提高学生对体育的兴趣，在学术教学中应采用体验式学习的情境方法，体育教育活动也应情境化。情境学习本质上是将创造学习情境作为教学过程的一部分。例如，可以利用多媒体来实施情境学习，教师可以在体育教学前播放相关的体育视频，例如，在教授篮球技能时，教师可以播放 NBA 体育节目，可以让学生观察球星在球赛中使用的技能，然后让学生自己体验，教师再进行指导。要在体育中引入体验式学习，需要开展各种体育活动，帮助学生提高技能，享受学习过程。传统的体育项目相对单一，教给学生基本的动作和基础知识，让他们按部就班，这样他们就把体育看作是一项任务，而不是一种爱好。因此，作为体验式教育的一部分，教师应注意体育项目的多样性，不断创新体育项目。例如，在传统的体育项目中，乒乓球主要以技术为主，教师主要通过比赛来提高学生的技术水平，所以学生的压力很大，但教师可以组

织新的乒乓球运动，让学生以十人一组的方式参加乒乓球手环交换比赛，十人排成一队。球从第一个人开始向后传，每个人的乒乓球要在乒乓球拍上反弹十秒才能到达下一个人的手中，以决定哪一队是第一。这个过程不仅可以训练平衡和运球技能，还可以训练团队精神，提高参与者的积极性，让他们发现这项运动的乐趣。

（三）创造体育情景，引导学生对学习进行反思

体验式学习的主要特点是，它是一种新的教学形式，强调学生的参与和师生的互动。高校在将体验式学习引入体育教学时，必须摒弃传统的教学理念，不能继续使用传统的教学阶段和方法，这就要求体育教师采用多种教学方法，调动学生的学习兴趣，在学生中对体验式学习有一个新的认识。一个非常重要的教学方法是让学生参与到体育学习的过程中。通过具体的场景，让学生参与到具体的体育教学中，为学生提供身临其境的真实体验，调动学生的学习积极性，提高学生的参与度，从而使体验式教育具有最大的教学价值。体验式教育强调学生在体育教育活动中的主体性和参与性，教师在使学生参与体育教育活动中只起指导作用。无论采用何种教学方法，最终目的都是帮助学生理解和吸收知识。在体验式教学模式中，教师的讲解使学生能够更好地理解知识，然后进行练习，在练习中理解学习的意义，通过思考加深对知识的记忆，提高学习效果。体验式学习模式本质上是学习者不断反思自己在该领域已经经历的事情，在反思的过程中把不同的方面联系起来，最后用自己的思维反思所经历的事情，并在一定的背景下记住它。在反思过程中，教师的指导是非常重要的。鉴于学生的知识和经验有限，教师需要在适当的时候提供适当的指导，以激发学生的思考。

（四）优化体育教育资源，创造良好体育体验式教学条件

体育教育资源是体育教育发展的主要保障。精心设计的课程、优良的教学设施、合适的体育器材和合格的体育教师是发展体验式体育教育的基本前提条件。首先，体育课必须有足够的时间和合理的时间表，这样学生才有时间活动，而且课时数不能太多，否则会影响有效教学。其次，只有具备不同的体育教学技能和方法以及安全知识的专业体育教师才能鼓励学生积极参与，帮助他们培养良好的体育态度和技能。改变体育教师的角色也很重要。在教育方面，体育没有被视为教育资源或工具，充其量只是教育工作的补充。

在体育辩论中，学校体育的价值没有得到充分重视。体育的教育作用被忽视，体育在学校教学中被边缘化，体育教师受到不适当的对待。学校体育的发展应定位为“体育为民”，将体育与教育联系起来，充分认识体育的教育作用，将体育纳入学校教育体系的重点，提高体育教师的地位，精简体育教师的工作量，公平对待教师和各种奖励，在评定教师资格时公平对待教师。学校也能保证教师的工资和奖励的公平分配，在考核教师资格时公平对待。这样可以鼓励体育教师积极参与体育教学，提高工作热情，认真做好体育教学工作，负责任地将体育教学的重大价值传达给学生，为学生的体育态度和体育知识的终身学习奠定基础，为国家的未来激发希望。

一般来说，体验式教育以学生为中心，旨在通过激发学生的学习热情来不断提高他们的学习能力。对体验教学方法的影响分析表明，它们很适合于高校的体育教学。因此，有关教师应努力分析并在实践中有效应用，以不断提高高校体育教育的质量。

第五节　体育教学中互动式教学法的应用

互动教学法是指在高校体育教学过程中，教师根据学生的体育兴趣、体育基础能力水平、学生的潜力等，有意识地与学生按一定的因素进行互动或综合，通过教师与不同学生的互动，可以改进教学内容和教学方法，使每个学生在此过程中得到落实。尽可能地改进和掌握体育教学的方法。互动学习是提高师生交流的平台，可以有效提高学生的学习效果，避免出现教师教而学生不学的现象。传统的体育教育观念是大多数体育教师的一大障碍。在旧的体育教育体系中，教师在选择课程内容、提供课堂反馈、组织课外活动、评价教学、备课和授课时，很少考虑到学生的体能、兴趣和个性特点。因此，体育教师应加强对互动教学方法的研究，为更好地实现大学生的综合素质创造良好的条件。

一、互动式教学的内涵

互动式学习创造了一个多变的互动教学环境，通过有效的、平等的交流和讨论，使不同的观点有机地交锋和相互融合，然后激发双方的主动性和探究性，以达到提高教学绩效的目的。同时，互动式学习有助于建立一种新型师生关系，强调学生在学习过程中的主体作用，是一种充分体现“以人为本”和创新理念的教学方法。互动式学习是教学方法改革背景下现代教育民主化的一个重要体现。在这种教学背景下，教师和学生以不同的身份遵循一定的规则和规范，这些规则和规范被教师和学生普遍接受和认可。在这些规则和规范的影响和指导下，教师和学生在教学过程中参与了物质和智力活动的交流和调解，这些活动相互依存，相互影响。这个过程涉及有形和无形、语言和非语言信息的传递、理解和解释。更具体地说，它是教师和学生在教学过程中共同构建的教学情境。教与学是教育系统的基本组成部分，它们之间的关系问题是教与学的核心，并构成了教育的主要理论问题之一。对这种关系的良好管理是教育发展过程的进展和有效性的重要保证。在互动学习中，互动是教学的核心，互动的实施应建立在师生之间相互尊重、平等和谐的基础上。

二、互动式体育教学的基本特征

（一）互动过程遵循秩序化原则

教育中的互动是建立在民主平等、交流、合作、竞争、分享经验和成功的基础上，教师和学生之间在情感、行为、思想和个性特征等广泛领域的相遇、融合、互补、创新和发展的过程。因此，这种类型的互动应该遵循逐步发展的规律，并应根据这一规律有节奏、有层次地加以规范和引导。

（二）互动空间具有开放性

体育教育具有自身的开放性特点，互动式教学是一种开放的学习方式，它有效地克服了传统教学模式的局限性，如教学理念、教学方法、教学组织和内容的选择等。首先，学生根据自己的发展需要，自主选择教师和选项；其次，学生在学习过程中自行组成学习小组，便于学生之间的交流和讨论；再次，教师在学习过程中发挥引导和支持作用，有利于更好地了解学生的学习动态，便于及时纠正和调整；最后，学生在学习过程中得到鼓励和支持，发展个性。在教学过程中，教师应鼓励和支持学生的个性发展，给他们更大的成长空间。

（三）灵活多变的教学组织形式

互动学习的主要形式是组成学习小组进行深入研究和讨论。在这个过程中，教师创造不同的学习情境、模拟、实验和认知讨论，有助于更深入、更全面地理解教学内容。此外，互动学习还可以采取组间竞赛、个人学习和小组合作等形式，培养和加强学生的表达能力、沟通能力、经验分享能力和团体协作能力，从而提高学生对体育教学内容的理解和自身发展的愿望。

三、高校体育教学互动教学方法的意义

（一）互动教学法有利于教师更好地了解学生

在高等院校实施体育教育时，通过互动教学更能体现学生身心发展的个体差异。它可以保证体育教师充分尊重和理解学生的兴趣以及现有基础体育教育水平的差异。互动教学法对学生的体育兴趣和需求进行探讨和质疑，遵循“健康第一，实施体育教育，促进学生发展”的指导思想，根据学生的不同特点，找准体育教育和学生发展的结合点，确保体育教学目标的实现，通过积极和谐的师生关系，促进学生软实力的发展。

（二）互动教学法能够更好地实现全体学生的发展

互动学习对学生的全面发展起着重要的现实作用。在高校体育教学中，教师按照民主和谐的体育课程建设原则，从学生的实际情况出发，横向和纵向了解学生，考虑少数人与多数人的对立，同时保证个人学习与集体学习的平衡，对不同的学生提出不同的要求，以实现全体学生身心能力的发展，创造一个有利于互动学习的环境。

（三）互动教学法的使用更好地体现素质教育理念

在实施高校体育教学时，体育教师在确定学习目标时首先要建立良好的师生关系，而建立良好的师生关系必须加强互动，即在教学方面适应学生的“教”，使学生的主体作用得到充分发挥，从而调动学生的积极性，主动参与体育教学。高等学校体育教学的互动性是体育素质教育理念的体现。高等院校体育教学的互动内容包括教师与学生的互动、教师与学生与学习内容的互动、教师与学生与学习环境和学习材料的互动等。从系统的角度来看，实施优质互动学习是实现优质学习理念的基础。

四、高校体育教学中互动教学法的应用策略

（一）做好学生体育需求等内容的调研

在高校进行体育教学之前，体育教师首先要对全班学生的体育兴趣进行探索和摸底，通常采用体育课堂评估、反馈和访谈相结合的方式来探索和了解学生的体育兴趣差异。同时，还要对学生的家庭环境、心理、智商和学习成绩进行详细考察。其次，把与学生有关的数据分类并分别进行分析。根据分析结果，将学生分为低于平均水平和高于平均水平的学习小组，这样能了解每个学生的情况。在互动式教学中，教师必须主动了解学生的技能、知识基础和心理素质，因为他们之间的差异很大。教师的教学方法必须建立在学生反馈的基础上，进行学科区分，灵活而及时地调整，以帮助所有的学生，使他们能够根据自己先前的学习情况得到发展和进步。互动式教学的基础是了解学生的不同需求，并能对其作出回应。

（二）以教学目标的设置为依据开展互动教学

随着体育教育的改革，有必要结合大学体育教育中学生的发展理念，制定不同的教学目标。在优质教学理念和体育与健康课程实施标准的指导下，要对体育学科知识结构和体育专业学生的技能进行分析，制定体育教学的学术目标。教育目标不应“一刀切”，而应在体育教育总目标的基础上，为体育活动和体能水平低的学生确定一系列循序渐进的子目标。现实情况是不同的，可以根据课程分为一个或多个阶段，初中和高中的学生可能会被允许进展过大，互动式教学是对体育教育目标定义的体现和促进。

（三）尊重学生的学习需求和体育能力

学生作为有活力的个体，分享学习目标，除了教师的建议外，还要让学生有机会对自己的水平进行分析，自己选择水平，充分尊重学生的意愿，还要注意保护弱小学生的自尊心，同时避免出现高年级学生的傲慢。等级不是固定的，而是在取得重大进展后可以提高的，如果一个学生落后了，就鼓励和提醒他们降低等级。通过创造这样的问题情境，学生可以独立探索和发现他们尚未理解的方法、定理和规律，而不是机械地移植他们已经掌握的知识和技能。问题的提出应能激发学生的成功欲望，鼓励他们独立、积极地思考。

在上体育课之前，教师必须从教学方法、教学内容、学习阶段、教学要求、教学时间和学习经验等方面进行准备，并考虑各年级学生的实际情况。在课堂教学时，需要改变教学形式，不仅要为所有学生上“综合课”，还要在一节课中为最困难的学生和有天赋的学生上“多层次课”。这堂课必须是“综合”而不僵化，“分层”而不零散的。传统的教学方法，如预习、沉浸式教学、测验、复习、补习和总结性教学，应以自然的方式进行整合，各层次之间的教育冲突应得到妥善解决，以便根据学生的能力满足其学习需求。

（四）强调体育教学方法的创新

学生的练习应分为两种类型：课外和课内。课内活动要求教师设定不同的练习和掌握目标，并将全班学生分成不同类别的练习组，由教师不断帮助和指导。如果超过或不超过练习的要求，教师应该修改练习，这样学生学习体育的兴趣就不会因为厌烦而受到影响。作为评估过程的一部分，教师应将每个小组的整体表现与个别学生的表现联系起来。在评估学生的体育知识时，应采用鼓励和表扬的方式。小组练习是建立信心、提高学生兴趣和能力的一种方式。

（五）优化体育教学环境

在高等院校实施体育教育时，体育教育环境是实现体育教育目标、促进学生身心发展的前提条件。体育教育环境包括体育教育的自然环境、体育教育的社会环境和体育教育的物质环境。体育教育环境的优化将促进自然体育教育环境的美化、体育教育促进体系的建立、安全充足的体育教育环境的营造等。良好的体育教育环境可以激发学生的运动兴趣，促进大学生身心健康发展。

在上述研究的基础上，学生是高校体育教学实施的主要对象，需要体育教师从学生的兴趣和其他体育教学的实际出发，应对学生之间的差异，接受从良好的学习环境条件中实现普通教育目标的原则，不断培养学生的学习兴趣和自觉进步的愿望。引入互动学习是大学体育课程中师生关系民主化、和谐互动的过程。学校和体育教师应从学生发展、环境优化、民主实施、科学评价等方面完善学校体育教育的互动边界，以整体推进和落实大学优生教育质量。

第六章　体育教学评价的实践研究

教育评价的历史发展表明，它是随着个人和社会的发展而不断演变的。教育评价的演变和变化本质上是一种变化的范式和社会历史条件下的特殊存在方式的表达，它反映了时代的要求，塑造了教育的变化和发展。教育评价的每一次演变都是一种新的课程价值、新的教育行为和教育概念的变化的表现。例如，根据传统的观点，教育评价的主要价值是有助于提高学生获得的知识。因此，学习评价的设计和实施以标准化和知识的统一性为主导，以考试为中心，忽视了人的自然适应的差异。新的教学观认为，教学评估应该重视学生的内部和外部经验和过程，考虑到个性和多样性，允许学生的个体和特异性发展，使教学评估与学生的认知和功能、能力和倾向的发展相一致；它强调教学评估是学生进步的促进者和反思性学习的工具。这无疑是一个重要的进步，符合时代发展的要求。所以我们可以说，教育评估是一种理性的认知活动，反映了人类生存的社会意识。它既可以促进人才，也可以压制人才。

对体育教学的评价，简单地说，就是对理想状态和实际状态之间的差距进行分析。对体育教学的组织和实施之间的差距进行评估是为了确定哪些地方出了问题，如何改进，并帮助建立一种新的教学方式。为此，本章研究了教学评估的发展和问题，以支持对其科学理解和应用的深化和推进。

第一节　体育教学目标评价

目标是学校教育中广泛使用的一个概念，由三个学科共同研究：教育学、学习理论和课程设计。学习目标为课程开发和教学设计提供了理论基础和原则。什么是学习目标？学习目标应该反映出需要教授的技能和需要培养的行为，并表明学习者的技能和行为将如何作为教育活动的结果而发展，也就是说，他们将在多大程度上能够执行，并在何种情况下能够使用所获得的技能。

因此，课程和体育教学领域的主要研究问题之一是如何将教育目标转化为课程和体育教学目标，然后用这些目标来指导课程和体育教学的设计、实施和评价。

一、教学目标的理论与分析

根据布卢姆的教育目标分类法和马杰的行为目标以及其他研究，人们得出结论，教育目标是教师和学习者在教学过程中应该达到的学习结果和标准。它们完善了课程目标，在指导教学活动的计划方面发挥了关键作用，也可以作为教学评价的标准和依据。出于这个原因，西方教育心理学家多年来对学习目标的重要性进行了实证研究。

上述研究表明，制定学习目标给教师的教学指明了方向，确保了教师的工作成效。我们认为，学习目标可以从三个方面指导教学：

第一，指导学习。清晰准确的学习目标可以吸引学生的注意力；具有挑战性的目标可以鼓舞士气，激发学习动力。

第二，指导教学。当目标指导教学的选择和组织时，课程的内容和组织可以被标准化，并确保教学过程和策略不偏离学习目标。

第三，作为评估的基准。评估教学目标是否实现的最可靠、最客观的标准就是教学目标的实现情况。因此，用目标来界定和评价课程的实施，可以有效地提高教学质量。从教学实践来看，对学习目标理论掌握不够，限制了教师制定学习目标的能力。例如，新课程采用三维目标，但为什么要支持三维目标，在多大程度上可以用理论来理解其应用？因此，准确、全面地理解学习目标理论的内涵，清楚地认识不同学习目标理论的意义，成为教学设计的关键。为此，下面将对五种学习目标理论进行分析和介绍，以便更好地理解不同学习目标理论的价值取向。为了给决策提供一个合理的依据，并制定有意义的学习目标，下面的章节分析并介绍了五种学习目标理论。

（一）布卢姆的教育目标分类论

布卢姆的学习目标分类法采用了“三维分析法”来对教学目标进行分类，并明确了它们的行为关系。它将目标分为三个子域：认知子域、技能子域和情感子域。每个子域都有几个从低到高的可变维度，表明作为这个行为评估的一部分，要选择的内容是可以根据需求来选择的。

（1）布卢姆等按智力特征的复杂程度，将认知领域目标由低级到高级分为六个维度层次。①知道：对学习过的知识的记忆，是认知领域最低的水平层次。②领会：把握知识的能力，对原有知识进行转换、解释和推断。③应用：能根据具体的情境运用所学的知识。④分析：能识别知识组成要素与结构关系，如能鉴别出教学内容中的知识点，区分知识中的组合关系。⑤综合：能将所学的各种知识重新组合运用。⑥评价：能根据需要对知识材料和方法做出合理的价值判断。

布卢姆等人的认知学习目标由六个级别组成，从低到高，定义了所达到的学习水平。它们侧重于记忆信息和发展学习者的智力，但最重要的是，反映了知识维度的层次分类的累积性质。换句话说，高层次的目标是建立在低层次目标的实现之上的。目标的分类为不同的学习结果提供了一种更加系统和全面的结构方式，并为评估认知领域的教学提供了一个标准的参考系统。

（2）布卢姆等按动作技能获得的过程，将技能领域目标由低级到高级分为七个层次。①领悟：能运用感官获得信息以指导动作，是技能领域最低的水平层次。②定向：能建立学习准备，如心理准备、生理准备、认知准备。③模仿：技能学习的早期阶段，即泛化。④操作：能独立完成所学的技能动作，即分化。⑤自动化：能轻松、准确、迅速完成动作。⑥修正：能对技能动作的运用进行不断反馈、修正与提高。⑦创新：能根据具体情境创造出新的动作模式与之配合。

布卢姆等人的基于能力的学习目标包括七个层次，从低到高，定义了每个学习阶段的结果，并对基于能力的活动和行为的特点进行了分类。基于学习的高低阶段，个体学习者会收到七个层次的具体目标的若干表述，以指导他们获得外部能力。不仅教与学的效果变得可观察和可测量，而且既定的学习成果也得到展示，这应该有助于学习者技能和创新能力的发展。考虑到技能获取过程的累积水平的重要性。换句话说，高层次的学习目标是在低层次学习目标实现的基础上实现的。目标的分类为分析、评估和审查教师行为提供了一个标准化的参考框架。

（3）布卢姆等依据心理价值内化的过程，将情感领域目标由低级到高级分为五个层次。①接受：学生能接受教学信息刺激产生有意注意，是情感领域最低的水平层次，即有意注意产生，学习才产生。②反应：学生对教学方式的反应，即教学内容使学生产生兴趣学生才会主动学习，不使学生感兴趣学生就不会主动学习。③态度：把兴趣强化成态度才能保证学习结果的获得。④组织：学生能把学习态度转化成学习信念，才能不怕学习困难、把苦练化为乐学。⑤性格化：学生把价值观念内化成爱学习的行为习惯与性格。

根据布卢姆等人的观点，情感性学习目标包括五个层次，从低到高，定义了每个学习阶段的默认情感主体、行为内容、行为条件和行为规范。学生的内隐学习行为是根据外部学习结果来定义的。这使我们能够理解，只有在情感内化得到维持和发挥作用的情况下，体育学习才有可能。如果没有学习的成功和快乐，没有构建一个快乐的体育课，学生就不会爱上体育，形成终身的体育习惯。实践证明，被动学习只能产生被动的结果。它的客观分类为分析、评价和评估教师的行为以及创造一个良好的学习环境提供了依据。

（二）马杰的行为目标理论与方法

1962 年，马杰出版了《准备教学目标》，教师必须有具体的教学目标来吸引学生参与特定的课程。马杰的行为目标，有时也称为功能目标，指的是用可观察和可测量的行为来表达的目标。根据马杰的观点，好的行为目标应该有三个要素：首先，它们定义了学习者作为学习的结果能够做什么；其次，它们定义了学习者行为发生的背景；最后，它们定义了适当的绩效标准。由此可见，行为目标的优势在于，它们在最简单的分析层面上定义了要解决的问题。作为一种规定，行为目标清楚地描述了：如何设定目标（学习领域的定义）；为实现学习目标创造什么条件（学习策略的选择）；学习后学习者将表现出什么行为（评估标准的定义）。

值得注意的是，这种规定性模式的目标是以一种非常清晰明确的方式提出的，它的科学取向并不太有原则，与布卢姆等人的教育目标分类法不同。它把要解决的问题简化为更简单的功能行为，并明确规定了学习者获得的具体技能，以及观察和测量这些技能的方式。为了便于广大教师理解和实施该方案，必须避免传统定义目标方法的模糊性。它提供了更清晰、更可实现的操作和实践策略，帮助体育教师完成教学任务，深化备课，积极构建学习过程，解决教学问题，争取最佳效果。其缺点是，有关的变量是基于描述外部行为和解释课程的实施，而没有注意到目标之外的价值。换句话说，关注的是外部行为结果，而没有考虑到内部心理行为过程，这可能导致教师关注学生的学习结果而忽略了内部行为的发展。

（三）格兰论的目标理论与方法

格兰论认为，外部学习行为的变化本质上是内部心理的变化，并提出了一种整合内部过程和外部行为的部署意图表述。这种方法保留了行为意向表述的层次性和外部性的优点，避免了忽视内部变化的缺点，是一种更适合表述情感、态度和价值观的方法。需要注意的是，由于内部行为变化难以直接观察和测量，教师不应简单地用具体的词语来阐明目标的制定，反映这些行为变化的“模式”也应更具描述性，这将更具有操作性，能为教学过程和测量评估提供更精确的指导。

（四）艾斯纳的目标理论与方法

E. W. 艾斯纳从人文主义的角度坚持认为，教学是一种自我学习和本质上解放的人类活动。教学目标的定位应该关注每个学习者在具体学习环境的各种互动中的个人工作，并提供表达性目标。因为这些目标只描述了学习者在行动中应表现出的行为和态度，所以它们没有可衡量的学习结果，这与布卢姆和马杰的目标不同，后者试图将学习结果与预先确定的目标结合起来，而是利用学生的独立经验和认知的差异，允许创造性和个性化的表现。目标的制定方式是，教师只是规定了学生必须完成的学习任务和必须参与的活动，但没有提出所有学生必须达到的具体行为标准，没有明确规定每个学生在这些活动中必须学到什么，而是坚持每个学生的个人学习成果。以健美操课为例，其目的是通过让学生体验和享受健美操的节奏来激发学生的学习热情，并让他们积极参与学习。教学实践反映了这样一个事实，即这种目标只注重过程而不注重结果。虽然它强调发展学生的个性，增强学生的主体意识，但它的表述很模糊，不能作为课程和方案设计的指导。它不符合教育目标应清晰、准确、可观察和可衡量的原则，因此只能作为教育目标具体化的补充。教师不能把这种类型的目标作为自己的主要关注点，否则就会重蹈传统教学目标的老路，只有一般的宏观肯定，却没有微观肯定的指导。

（五）加涅的目标理论与方法

美国研究人员 R. M. 加涅借鉴了现代认知心理学的最新发展，从学习和教学心理学的角度提出了另一种规划和提出学习目标的分类方法——学习结果分类。由于学习目标是预期的学习成果，加涅的分类中的学习成果与学习目标是一样的。他用五种学习结果（言语知识、智力技能、认知策略、运动技能和态度）来指导人类的学习，不仅将内部和外部的学习目标联系起来，明确了教育系统的结构和功能机制，还强调了学习过程的独特性和每一类学习结果的质量，内部和外部条件在最佳学习条件中的表现，并为定义不同类型的质量目标提供指导。这种目标分类代表了对布卢姆和其他人的分类的大胆背离，反映了对学习目标分类的新看法。下面简单介绍一下每个阶段的内容和构成，供参考。

（1）言语知识，是一种陈述性知识，这意味着一个人可以学习用口头或书面语言表达一个事实或一系列事件。这种分类为学习任务的分析和发展提供了心理学基础。在教授运动技能之前，学习者需要有关于要教授的运动技能的知识或心理图像，例如通过口头指示、视频和演示。这种信息有四种具体形式：名词、事实、有组织的事实和词串。名词，即把学到的动作与名称联系起来的能力，例如，把学到的行走动作与动作名称联系起来的能力。事实，即记忆和表示某些句子的全部内容的能力，例如，想象和记忆伸展动作的全部内容的能力。有组织的事实指的是将一组动作组合成一句话的能力，例如，跳远的四个动作“跑、跳、飞、落”。词串指的是将一组动作记成一句话的能力，例如将篮球架的一组动作记成“一个高跳，两个低跳，三个高跳，灵活手指举起球，瞄准黑框，从里面举起”。用来制定学习目标的语言表达方式一般有图解、描述、背诵、阅读、操作等。

（2）智力技能，是指人们在与环境的互动中学习应用符号或概念的能力，如利用数学和体育知识对事物的属性进行分类、比较、分析和区分的能力。有四个类别：辨别力、概念、规则和原则以及问题和解决方案。辨别力是指检测刺激物之间差异的能力。例如，通过感官感知确定乒乓球是否在旋转的能力。概念是对一组具有共同特征的物体或事件进行分类的能力。例如，区分篮球和足球运动的能力。规则和原则是指使用规则或原则来预测、理解和解释物体或事物之间的内部关系的能力，例如使用“能量代谢原则”来解释不同运动中的能量变化。问题和解决方案是扩展的规则，指的是应用不同的原则和规则来解决出现的问题的能力。例如，他们可以应用技能形成的规律来解释不同学习行为的出现。智力技能是三维目标中知识和技能领域的一部分，用于制定目标的动词一般有：识别、认识、辨别、应用、示范、理解、掌握等。

（3）认知策略，是一种重要的技能，指的是一个人管理和控制其思想和行为的能力，即学习分析和解决简单问题的能力。它属于三维客观过程和方法的领域。下列动词常用于制定目标：创造、发现、发展、理解等。

(4) 运动技能，指的是使用各种肌肉或身体运动来完成一项运动的能力，如玩球、滑冰、跳舞或骑自行车。这是三维学习目标中的知识和技能领域。在制定学习目标时，一般会使用跳跃、摆动、转身、投掷等动词。

(5) 态度，是指学习者获得影响其行为的心理特征，例如有些人跳舞。态度是学习成果中的最后一项，属于三维目标的情感领域。在制定学习目标时，常用的动词有：培养、培育、热爱、欣赏等。

自新课程实施以来，学习目标日益成为指导学习活动的独特符号，赋予教育教学以深刻的文化内涵。它们的出现不仅使课堂教学发生了根本性的变化，也迫使人们在实践中重新思考体育教学的做法。需要注意的是，教学目标反映的是教学的结果，而不是教学的过程。因此，对这些理论进行更深入的分析和归纳，可以帮助教师从更广泛的角度和不同层面更好地理解、积极应用和科学实施这些理论。

二、体育教学目标的诊断评价与应用

以上我们从不同角度介绍了布鲁姆等人的教育目标分类法、马杰的行为目标理论和方法、格兰论的目标理论和方法、艾斯纳的目标理论和方法以及加涅的目标理论和方法。可以看出，教育目的是一个复杂的概念，具有合理应用的坚实基础。这些理论具有普遍的特点，但也有差异和合理性。为了避免差异和混乱，更好地利用它们，也有必要界定教学活动与目标的实现之间的关系。为此，接下来的分析和诊断评估，将一般的理论处理和重建转化为处理具体问题的指示或行动计划，为教师提供理解和准确界定教学目标和活动的指导和工具，使他们能够更好地在当代教育学的基础上构建教学目标的设计，科学地实施教学目标的设计和制定。正如美国心理学家 Herbert A. Simon 所说，“对人的研究在很大程度上需要对设计科学的研究。它不仅是技术教育的一个专业分支，也是所有能读能写的人的基本科目”。

（一）五种教学目标的分类与比较

下面介绍五种常见的学习目标，并研究每种目标所达到的结果、学习水平和行为条件，以帮助教师了解各种目标之间的差异和差距，如何在新课程的学习理论中论证这些目标，以及如何在实际规划中应用学习目标理论。教师将了解如何在新课程的学习理论中证明目标的合理性，以及如何将目标理论转化为实际的规划，使其得到充分的理解而不被滥用，从而有效地实现不同类型的学习结果、学习过程和学习背景的预期目标。

1. 布鲁姆的教育目标分类

布卢姆的教育目标分类理论在一般目标和分段目标的基础上定义了课程的层次和目标。通过学习要达到的层次和程序，采用程序流程图的分析形式逐层分类，考虑到其他与知识相关的心理活动的模式和特点，以遵循课程开发的一般规则。人类的差异可以被选择并与课程目标相一致，理想的标准可以与现实相比较，以确定差距并努力填补。这种分类法的缺点是，它忽视了理解的目的是应用，知识和技能之间没有联系，它只对知识和学术成就的衡量标准进行排名，没有提出学习策略，也没有解决如何在面向学术目标的基础上界定这种行为水平。它只关注指导性教学和评估，而不是指导性学习。因此，这种分类法更适合于指导单一课程中学习目标的教学测量和评估，但很难有效地指导它在课堂上的学习和教学过程的规划。此外，该分类中的理论层次和数量都很高，这可能导致许多骨干教师不容易理解，难以应用。

2. 马杰的行为目标

这些目标是基于行为主义的对刺激和强化的反应理论。它们的优点是简明、可观察、可测量、功能性强、易于使用、反映“科学价值”并适用于一般课程目标。主要的缺点有以下几个方面：

第一，是目标的数量有限，而且缺乏认知技能和知识的隐含方面。

第二，强调每个单独项目的逻辑组织，而没有考虑它们之间的联系。

第三，根据陈述的条件直接预测学习结果，往往是僵硬的预测，因此不能及时纠正偏差，这很容易导致系统在实施过程中无法调整平衡，导致失败，难以达到预期的结果。

3. 格兰论的目标

格兰瑟姆的理论认为，外部学习行为的变化本质上是内部心理的变化。他提出了一种整合内部过程和外部行为的目标表述。这种方法保留了行为目标制定的层次性和外部性的优点，但避免了忽视内部变化的缺点。需要注意的是，由于直接观察和测量内部行为变化的难度，教师不仅要用具体的文字来解释目标，还要提供能反映这些行为变化的“样本”。这种方法更具有操作性，可以为教学过程以及教学的测量和评价提供更精确的指示。

4. 艾斯纳的绩效目标

绩效目标的特点是：与学习者的未来发展有关，旨在共同创造性地关注明天。绩效目标强调教育应尽其所能释放人的潜能，为学生未来参与生活做好准备，因此，绩效目标关注的是学习成果，而不是仅以结果来衡量学生的进步。从这个意义上说，这个目标是正确的，是好的。问题是，由于成果目标不是事先设定的，也没有与学习过程或活动的背景相联系，因此对教师、教学环境和学习环境的要求更高，也更难理解。在目前的情况下，我们的班级有大量的学生，在一堂课中，教师很难与所有学生进行对话，不能提供一个情感过程，让每个学生都能体验到这种情况。所以这不符合国家惯例，也很难实施。

5. 加涅的学习成果分类

加涅的学习成果分类法是在当代认知心理学的最新进展基础上的一个相对较新的发展。它的主要贡献是利用数据来阐明学习者所获得的技能的性质。他在学习目标的理论中引入了“学习的教学设计”的概念。根据他的观点，不同类型的信息用于不同类型的任务。教学必须考虑到获得不同类型知识的过程和情况，以及知识的转移和应用。对于每一种类型的学习成果，它都制定了使其得以实现的过程和条件，以及可衡量的行为指标。因此，加涅的学习成果分类法不仅可以衡量和评价学习目标，还可以指导学习和教学，这弥补了布卢姆的学习目标分类法只告诉我们如何制定策略，而没有告诉我们如何教和学。因此，它更适合于学习单元或课程的目标。

（二）传统教学目标

在苏联教育理论的影响下，我国还没有形成确定目标的方法，教育目标一般是按照教育要求来写的。这类目标的特点是用一般的教育目的或原则作为课程目标，具有普遍性。它以国家宏观目标的“德、智、体”框架为特权，作为解决课堂上微观学习目标的基础，导致对学习目标范围的思考，而没有解决每个领域的具体学习成果的管理。它没有阐明具体的要求和标准。因此，它是一般性的、模糊的和规定性的，可以适用于所有的教学实践，但很难解释为满足具体实践的需要。此外，由于缺乏对知识维度分类的了解，更不用说对不同类型的知识有不同的教学操作，导致学习目标的概念不明确。因此，学习目标的概念相当模糊，没有层次和部门的区分，是缺乏具体内容的笼统术语，无法逐层揭示学习活动，无法创造与不同类型的学习相对应的最合适的内部和外部条件，无法有效检验学习效果和指导学习策略。因此，只能应用目标来设定学科课程的总体目标。

（三）体育教学目标的选择应用

对上述一些理论进行综合分析，可以清楚地了解每一种理论的基本概念和结构，为理解和有效使用这些理论提供基础。上述分析表明，正如社会存在决定社会意识一样，正如教育目标是在一定的社会教育学价值观指导下的课程和学习的具体化一样，对学生生理和心理发展规律、社会需求的首要性和知识的本质与价值观规律之间关系的不同理解，导致了关于课程和教育目标的不同取向。因此，上述五种教学目标各不相同，每种理论都有不同的基本价值取向和愿望，反映其所处的社会、文化和知识世界。所以，每一个旧的愿望理论都构成了新理论的基础。这揭示了每个愿望的合理性和一些使其难以实现的缺点。新一轮的课程改革将课程目标的三股力量结合起来，将诱导性目标和成就性目标作为行为目标的补充形式。需要指出的是，根据学习活动的需要，学习目标可以分为学科目标、单元目标和课时目标。学科目标表达的是整个学科要达到的结果，单元目标表达的是学科不同组成部分的具体要求，课时目标表达的是课的具体要求。

首先，具体目标的采用，一方面取决于主题、单元或课程要解决的问题，另一方面取决于在特定的教学环境和特定的学习活动中，在各种因素的基础上对理论处理进行重构，才有可能。换言之，为了有效解决问题，往往需要整合不同的修改方法。如果课程的重点是知识和技能，那么在低年级使用行为目标，在高年级使用加涅学习评估系统，并辅以成绩目标，是合适的。如果课程的重点是培养学生解决问题的能力，那么使用行为目标辅以成果目标就比较合适。如果重点是发展系统性目标，则适合使用布鲁姆的学习目标分类。如果重点是发展特定科目的目标，则一般目标更合适。其次，有些目标在今天很难使用，不是因为理论上的原因，而是因为社会发展的限制。为了了解未来而预测未来是不对的，不考虑现实而预测太远的未来也不对。如果学习目标界定不当，即使是最好的教学也可能无法满足组织者或学习者的真正需要。如果没有明确的学习目标，教育规划者就会为满足根本不存在的教育需求而教学。

（四）体育课堂教学目标的诊断评价与应用

2011版《体育与健康课程标准》在学习目标的制定、教学评价和课程资源的开发中，要使用量化和评价性语言，以有效引导教师正确处理与诊断相关部分的关系，有针对性地采取适当的方法和策略。制定切实可行的实施方案，使课程实施的“度”与课程目标紧密相连，以避免像过去制定课程目标那样，出现无法可依的情况。美国学者沃尔特·迪克和中国学者皮连生、何克抗等人认为，课程目标应该是符合逻辑的、明确的，具有可观察和可测量的特点。

教学目标的选择和确定是一个求精的推理过程，一个良好的教学目标设计，需要回答以下问题。

（1）教学目标是否描述清楚、可验证？

（2）内容区域是不是已被清楚地界定？

（3）这些行为是不是可以清楚表现、可测量？

（4）教学目标符不符合学生的需要？

（5）教学目标与教学环境是否存在逻辑的一致性？

在回答上述问题后，教学目标的撰写可以采用以下步骤。

（1）写出教学目的，列出所有学生要做的、能达到目的的行为。

（2）这些行为是不是可以清楚表现、可测量？

（3）分析所要进行的行为，选择那些最能反映目标完成情况的行为。

（4）将所选择的行为用可观察、可测量的明晰话语进行描述，说明学生要能做到什么程度。

（5）审查目标陈述，判断学生做到这些行为后是否就算达成了教学目标。即学生在完成学习任务后，获得了什么新本领，掌握了哪些新知识，会做什么事。

这种构造告诉我们，如果没有以明确的、可观察的和可衡量的方式描述目标，如果没有描述学生可能如何表现，以及期望他们在多大程度上实现这些目标，即使学生在课上很活跃，能够获得知识和技能，这样的课充其量也只是一堂实践课。正如人们常说的那样，没有想象力的课让教师一无所获，学生也学不到什么。

一个良好的教学目标应符合以下要求。

（1）教学目标陈述的是学生的学习结果，不是教师做了什么。应陈述学生通过学习后会做什么，做到什么程度，能在什么情况下做。

（2）教学目标的陈述应明确、具体，可以观察和测量。不能用模糊不清和不切实际的语言陈述，应用一些行为动词表现具体化的行为。

（3）教学目标应该按照学习结果的层次性来表述。认知领域的学习目标一般应反映三个层次：记忆、理解和应用（包括简单和复杂的应用）；过程目标应反映学到什么和能做什么；态度目标应反映三个层次：接受、反应和评价。

有国外学者指出，课堂教学目标应包含四个要素，即行为主体、行为动词、行为条件和表现程度。

（1）行为的目的。这意味着，目标必须反映学习者的行为，而不是教师的行为。有些目标被表述为“学习者学到了什么”，这是不正确的，而应表述为“学习者通过学习学到了什么”。

（2）行为动词。行为动词用于描述学习者形成的可观察和可测量的具体行为。例如，在一节足球课上，90%的学生都能用内脚背技术传球或停球。

（3）行为条件。这些是学习者取得的学习成果可以应用的情况。例如，90%的学习者可以在进攻或防守中使用内脚背技术传球或停球。

（4）成绩。代表学生达到的最低水平，用于评估成绩或学习成果的实现程度。例如，30%的学生能够完成某一数字的50%的罚球尝试。

本报告以结构化和系统化的方式确定了不同支线之间的联系，显示了每个支线如何融入整体概念，并强调教育报告的目的是将各支线有机地联系成一个系统，而不是杂乱的单个支线。

第二节　体育课堂教学评价

一、瑞格卢斯“一个目标、两个过程、四个环节和系统策略”理论在教学活动中的应用

根据 Rillegers 主编的《教学设计理论》，组织学习要素的发展阶段可以分为两类：“宏观策略”（如学习目标）和“微观策略”（如学习方法和工具），分类如下：宏观策略侧重于结构关系，微观策略为学习的具体阶段提供“处方”。根据这一理论，学习设计的下一步是开发和组织课堂策略，回

答学习者在设定目标后如何“到达”的问题。由于目标的实现是对每个层次的教学活动进行特殊调整的结果，因此可以将其分为：基本目标—教学目标—教学策略。它们可以分为：起点目标—教学活动1—教学活动2—教学活动3等。这些目标是通过逐步改进活动来实现的。这个顺序的目的是确保每个学习活动的改进结果与学习目标相一致，并具有整体性。这就需要进行诊断和评估，以确保用于改进每个层次的课堂学习活动的变量不会出现偏差。下面以瑞格卢斯的“一个目标、两个过程、四个环节和系统策略”理论和加涅的学习成果分类为例，介绍诊断性评估。希望这能为教师诊断和评价自己的教学提供更准确有效的依据。

（一）一个目标

一个目标是指把教学内容按照一个目标进行合理而有效的定序组织与构建。

（二）两个过程

两个过程是指通过两个设计过程的细化来实现上述目标，“概要设计”和“定序设计”。

“概要设计”是针对从学科内容中细化出的所要掌握的概念原理或要领可通过什么方式呈现给学生、提供什么“支架”的教与学的情境练习过程。如针对教学的展现：概念性内容（说明“是什么”）、过程性内容（说明“如何做”）和结果性内容（说明“运用什么”）。

“定序设计”是指对选出的学习任务概要不断进行逐级细化，细化的复杂程度和精细程度逐级加深。每一级细化都是前一级呈现内容的深入与扩展——通过每一次细化，使教学信息越来越具体、深入、细致，直至达到教学目标所要求的学习内容实现。

我们下面以动作技能教学步骤的定序设计为例进行展开论述。

（1）引起注意：借用图示、类比、音调、手势等引导学生关注所要学习的内容。

（2）描述目标或目的：明确学生所要学习的内容是什么？

（3）讲解：将所学的知识、过程或技能的概念、要领或原理呈现给学生。

（4）示范：多角度演示新学习的技能，促进理解。

（5）提问检测：对前面所学内容进行提问以检查学生学习理解的情

况，确定他们掌握的程度。

（6）模仿练习：学生在教师的仔细指导下进行练习。

（7）独立练习：安排多种形式的练习，提供反馈、辅导等各种矫正性指导，减轻学生记忆负担。

（8）评价业绩：评估学生的行为表现，检验学生掌握知识技能的程度、应用的情况，考虑如何反馈与补救或完善等。

（9）再次练习或结束。

如（1）~（4）教学有六个策略可在课堂上应用。

一是使用不同的修改过的学习条件来吸引注意力，激活运动技能和感受器。例如，利用运动、图表、模型、多媒体等视听条件的变化来吸引注意力，利用重音、音调、速度等听觉条件的变化来吸引注意力。

二是幽默是用来保持注意力的。研究表明，如果使用得当，在教学中使用幽默可以对注意力和兴趣产生积极影响。幽默的例子包括言语幽默和动作幽默。然而，无论幽默采取何种形式，都应尽可能广泛地引入学习过程。例如，教师夸大一个错误的动作，幽默地模仿学生出色的投掷动作，祝贺学生像乔丹一样有魅力，都可以产生意想不到的效果。

三是观察是基于实践经验的。让学习者有机会体验具体的感觉，获得一手的知识，使学习活动更加有意义。例如，比赛看谁跑得最快，谁投得最准，或者谁回答问题最准确，都能唤起个人的学习意识。

四是认知冲突是用来维持注意力的。认知冲突也被称为认知失调，当学习者在两个相互矛盾的观点或事件之间体验到暂时的智力不平衡时，就会发生认知冲突。皮亚杰称这种现象为不平衡。人们有一种自然的倾向，试图解决认知失调问题。当认知失调发生时，一个人的注意力会变得非常集中。例如，在直线上跑步和绕过弯道之间有什么区别，我怎样才能跑得更快？

五是使用调查问卷来支持注意力。使用问卷来支持注意力还有一个好处，就是帮助学生在最初的认知模式基础上构建或解构假设，寻找信息，检验假设，形成结论，从而使学生积极地参与到与个人兴趣密切相关的提问活动中，自然而然地提高了学生的注意力。例如，体育学告诉我们，直线是最快的，那么为什么帮助倒车的人比帮助倒直线的人更好？

六是利用主动参与来保持注意力。被动的学习一般会导致注意力不集中。注意力可以被激活，例如，通过积极参与游戏、角色扮演、模拟或互动来保持注意力。即使在基于讲座的接受式学习中，也可以将不同的方法结合起来，使学生的学习活动具有流动性和智能结构。

如（6）、（7）教学有七个策略可在课堂上应用。

一是要点提示。通过口头、图片、标记色彩、大小类比等方式对关键点、要点等予以提示，告诉学生应该特别关注什么。例如，用两臂形象地比喻投掷的出手角度。

二是把握节奏。对每一教学的知识点一次呈现的信息数量予以控制，以减少学生记忆的负担。例如，一个动作的知识点可以分几次讲解，先讲粗大的动作要领，再讲精细的动作要领。

三是形成组块。将概念、要领、原理有意义地组块形成范式，可以减少学生记忆的负担。例如，运用形象化的口诀促进学生对动作的要领理解。

四是适当重复。要求学生对那些至关重要的特征，适当重复感知或将几种感知方式结合起来运用。例如，在学习了一组新的动作后，教师就应该立刻为学生提供练习的情境，予以应用巩固。例如，针对教学重点与难点采用诱导练习、辅助练习相互结合效果较好；或是运用对比分析法，区分联系，明晰正误，突破难点，廓清重点。

五是简化表征。尽量借助图表等方式突出关键特征，从而省略一些无关特征，突出特点。例如，利用层级学习图式提纲挈领一目了然，易于理解掌握。

六是回忆旧知。建立新旧知识之间的联系，促进学生的意义建构。例如，联系原有已经学到的知识进行迁移，帮助学生发现规律，促进编码，以将长时记忆中各种不同的动作图式与学习联结起来。

七是提供一个有系列的组织练习，形成连锁条件，把一系列局部动作有机地连接成一个完整的动作系统，精细加工，促进动作编码。因为技能达到自动化只是记忆低路迁移的一个方面，还要考虑在迁移情境的运用自动化。

如（8）的教学有四个策略可在课堂上应用。

一是根据学生练习的正确率来判断。

二是根据学生练习的质量来判断。

三是促进内反馈，通过内部神经反射（如动觉、触觉）获取内部肌肉信息改进学习；促进外反馈，通过外部媒介（如节拍、口令）达到对学习改进。例如，采用互帮互学、同伴讨论提问、彼此示范等双向反馈，把内部反馈和外部反馈相结合。

四是运用各种变式练习，帮助学生补救、迁移、同化知识。

上述可见，“概要设计”与“定序设计”的好处是，可以将教学各步骤中的决策过程一览地表示出来，确保教学的最大有效性。一方面，在同一等级上可以对不同的教学内容进行细化（横向程度相同的多种变式）；另一方面，也可对同一教学内容在上下相继的等级中不断细化（复杂程度不同的由浅入深）。这就使教学系统有较大的灵活性：既可通过横向（同一细化级）了解学科内容各部分当前的细化情况，又可通过纵向穿过一系列细化等级而达到对某一知识点的深入了解。这种特点对于技能程序教学系统的设计与实现是特别有利的。犹如“可变焦距镜头的照相机”：开始用广角镜头（相当于“概要”），然后通过变焦进入逐级细化的过程（可以循环往复），以观看整幅画面中的各个部分（细化后的教学内容），接着变焦镜头移出以便回顾、复习学过的全部内容和确定各部分知识之间的联系。将变焦镜头移入和移出的调节过程要反复进行，一直到整幅画面的所有部分都已按照精细等级被考察过为止。

（三）四个环节

四个环节是指为保证细化过程的一致性和系统性，必须注意四个教学设计环节的密切配合。这四个环节是选择、定序、综合和总结。

选择。课堂教学中最初的计划任务，包括从学科内容中选择需要教授的不同概念和知识，以实现总体学习或教学目标，从而制定计划方案。

定序。定序的目的是按照“从一般到特殊”的顺序来组织和安排学习内容（学科知识内容），这是大纲规划和排序修订规划的指导原则，也是整个规划过程中应使用的基本规划要素，以确保每次修订结果的一致性。

综合。旨在保持知识的结构性和系统性，即确定不同知识点之间的联系。综述使学生能够看到概念之间的联系，以及它们如何融入更广泛的概念图（实际上是整个课程）。在每个细节层面有两种形式的综合：内部综合和外部综合。内部综合用于澄清某一数量级的概念之间的联系；外部综合用于澄清某一复杂程度的题目与已经学习过的其他题目之间的联系。

总结。总结性评价是提供信息、增加价值和改善决策的一个非常重要的策略。它的目的是衡量教学和学习的有效性，诊断学习困难，以便调整教学过程，实现有效学习。

（四）系统策略

系统策略用于确定课程内容的细化顺序，按最重要关系—并列关系—从属关系—次要关系的次序组织内容，对概念的学习按自顶向下的层级方式排列，把最一般的概念放在顶上，最具体的概念放在底下，非概念性知识（如过程性、原理性知识）则作为补充内容在后面安排，为确定的学习任务提供方法手段条件，从而使教学内容、教学组织、教学负荷体现由浅入深、由低到高递进，以促进学生的意义建构。

二、体育课堂教学评价的设计

大学生的身体素质连续 20 多年来一直在下降，这一严酷的事实促使我们提问，在小学六年、中学三年和高等教育三年中，学生们都接受了什么教育？在这宝贵的十二年中，学校体育有助于实现哪些教育目标？这些问题需要深入分析，以便教师能够了解他们的教学在哪些方面是无效的，哪些是低效的，哪些是有效的。因此，体育教学评价是教学的一个必要和重要的组成部分，它不仅是为了落实体育课程中科学方法的规定等，也是为了纠正备课中的偏差和错误，确保教学按照既定目标进行。它可以被看作是新体育课程中的一个重要工具和关键手段。为此，本节对体育课的内容、执行、技能和任务等类别进行研究，使体育课成为有目的、有效果、有吸引力的动态活动，为科学实施体育新课程作出贡献。

（一）体育课堂教学内容的评价

体育教育的内容是学习者根据课程目标应获得的知识、技能和行为经验的集合。因此，它是一个由认知和情感学习、知识和技能组成的双向内容，并涉及学生的学习。根据这种理解，体育课程内容的评价不仅是一种有意的行为活动，而且是一种战略活动，它分析内容的类别和性质，并提供学习和指导的程序。这告诉我们，对体育课程内容的评估不仅是一个实施计划，而且是一个与教学的选择和组织有关的活动。通过对体育课内容的评价，我们可以明确教学内容各组成部分之间的关系，确定知识类型和认知分布，了解教学的难点，以便找出折中之处，改正缺点，追求容易的东西，纠正困难的东西，更好地实现方案对教学内容准备的辩证要求。

1. 根据结果评估教师的学习内容

如上所述，体育课程内容的评估不仅是一种有意的（目标导向的）行为活动，也是一种战略活动，它分析内容的类型和性质，为学习提供程序和指导。这一论点意味着，内容的组织和呈现既是一门科学，也是一门艺术。它是一门科学，因为内容的组织是由教育理念决定的，是基于课程原则的，是由学习的程序性决定的。它是一门艺术，因为教育内容的选择和组织不是固定的，而是根据学习环境和学习环境的不同而变化。因为它的选择和实施需要教师的智慧和策略，所以它也是教师教学技能的一种艺术表现。

根据这一观点，体育课程的内容可以在理论和实践两个层面进行评价。在理论层面上，评价的目的是确定内容是否旨在传授知识或发展技能；在实践层面上，评价的目的是确定内容的组织和传递是否旨在让教师教或让学生学。❶

评价教学内容的理论层面指的是重点是向学习者传授知识和技能还是发展学习者的技能的问题。它反映了教师对教与学重要性的不同看法。这两种取向的选择是一个关键时刻，决定了教师对教学的看法是传统还是现代。这些不同的观点不仅影响到内容的选择，而且也影响到组织学习内容的方法的选择。因此，评价标准不是教师是否完成了内容的呈现，而是学生是否学到了知识，并在流汗和欢笑中成功地获得乐趣。

对学习内容实际水平的评价包括：确定学习内容是否按照知识的主次关系、从属关系和比较关系来选择和组织，学习内容是否按照学习水平的渐进区分逻辑，从简单到复杂，从容易到困难来制定，教学方法和学习策略是否按照知识载体的可转移性和穷尽性来科学制定。解决了“如何学习”的问题。下面是具体的分析。

第一，为什么教学理念是评价教学内容的基础。从方法论的角度看，体育教学内容的问题是一个教学理解的问题，是一个知识的问题，是一个知识储备的问题。“不同的视野使所有的东西都有不同的理解”，由此可见，教师对教育理论的不同看法影响和限制了教学内容的选择。事实上，教学是教师的教和学生的学的结合，其构建是由教师的思想行为决定的。如果教师没有正确的思想行为，就很难按照新时代的要求选择和使用学习内容。对这个问

---

❶ 王丹. 体育教育理论与实践研究 [M]. 北京：北京工业大学出版社，2019.

题的回答无疑是有意义的，对体育教师专业技能的提高和发展会产生积极的影响。中国有句教学名言，“善歌者使人从其声，善师者使人从其志”，就是以此为依据的。因此，教育理念是对学习内容进行初级评估的基础。

第二，为什么选择和安排内容是评估的基础。首先，选择和构建学习内容意味着学习不是一下子发生的，而是以小的、连续的步骤进行的。一方面，这意味着新的学习材料与学习者的认知和生理特征相一致，学习的动机也随之出现。另一方面，当内容没有意义时，当学习材料不充分、困难或繁琐时，学习空间就难以创造，学习动机也就不会出现。其次，同化、适应和平衡这三种模式与意义建构的过程有关。在这三个横向空间中，学生的学习方式有不同的特点，决定了学习的质量和效果。教学实践表明，如果学生的原有知识和经验不能“吸收”新知识，不能为感知新知识和新观点创造有利条件，那么所教知识的意义建构就会受到阻碍。这也会导致一个“适应”的过程，即修改和重组现有的认知结构，从而增加学习时间，降低教与学的有效性。这就提醒我们有必要将学习结构调整为现阶段学习者普遍接受和理解的形式（如丰富的情境想象、构建生动的内容、提供初步的组织策略等）。

第三，为什么教学内容的学习层次构成了评估的基础。学习层次意味着在组织和准备教学内容时要不断区分，从整体到部分，从一般到特殊。复杂的学习是以简单的学习为基础的，不掌握前一个内容就不可能进入下一个内容。只有遵循简单学习和复杂学习技能之间的相互作用，学习内容才能转化为获得的技能。正如信息处理理论所表明的那样，学习受认知变量的制约，对这些变量的控制可以增加认知能量和针对体育学习活动的认知效益。因此，对内容的掌握程度成为评估的基础。正如赞科夫所指出的：无论如何努力向学生解释掌握的意义，如果教学的结构不能唤起学生对知识的渴求，这些解释仍然是不够的。

第四，为什么学习内容的可移植性和全面性是评估的基础。组织学习内容的原则表明，在组织学习内容时，不仅要注意每个知识和技能组成部分的内容的纵向递进和横向层次之间的关系，而且要注意学习材料之间的可转移性特点。材料的可转移性是指一种类型的学习内容对另一种类型的影响。心理学研究表明，先前学习对后续学习的影响是顺向转移，后续学习对先前学习的影响是反向转移。两种类型的学习之间的干扰是负转移。当两种类型的学习相互促进时，就会出现正向转移。体育教学实践表明，这种现象发生在学习内容的组织上。例如，在学习了短跑之后再学习跳远，会导致正向转移，而在学习了跳远之后再学习跳高，则会导致负向转移。

整体性是指教学内容的选择和组织方式要能促进人体所有素质的全面发展。如果课堂教学只基于一种素质的发展，就会导致学生身体素质的不平衡，影响学生身体的和谐发展。这种身体全面发展的原则意味着同一课不应该完全通过上半身或下半身练习来进行教学。例如，投掷练习后不能进行杠铃练习，短跑练习后不能进行耐力练习，双杠练习后不能进行高低杠练习。根据这一原则，评估的基础将是训练内容的可转移性和完整性。

根据上述讨论，可以用以下要素来评价体育课的计划。

第一是围绕知识的连贯性和逻辑性的出现建立“同化、连贯和平衡”，以便准确理解学生学习的“教学适应”。

第二是建立一个基于教学的策略，促进学习。方法和工具的选择反映了一种基于“为学习而计划”“为理解而教学”和“个人自由学习”的教学策略。必须避免传统的工程模式，即学习者是原材料，是投入产出。

第三是学习水平的选择应该在学习和认识之间形成一种平衡。这既要反映出教学内容、教学组织和教学工作量三个周期的稳定发展，也要反映出记忆规律，它代表着学习发展的效率从量变到质变的飞跃。正如维果斯基所说：学习的一个基本特征是创造一个新的发展区，在其中引发若干发展过程。

总的来说，课堂上学习内容的选择和组织代表了对一种教育存在模式的自我理解和批判，不同的教学范式表达和反映了它们自己的存在模式。这种理解表明，教学内容的选择和组织要受到意识形态、原则性和组织性的特点和制约。如果内容的实施不符合这些背景和互动，就会出现教学偏差，无法实现预期的教学目标。正如皮亚杰的新兴认识论所主张的，一个主体对一个对象的认识程度完全取决于主体的认知结构，而学习的认知结构是一系列从低级到高级的心理认知模式。

2. 学习评价中对学生作业的评价

从新课程中我们都知道，“以教师为主导，以学生为主体”的整体理念是学生良好学习的一个重要标准。根据这一标准，体育教学的评价将基于学习者对学习的积极参与，学习方式的有效性和学习环境的质量。这意味着要评估学习的有效性、技能的掌握程度和学习的成功率。这三个方面的学习也经常被教师称为“能够获得乐趣”，也就是说，学习者知道如何理解、学习和获得乐趣。

第一，为什么学生积极参加学习是评价体育教学内容的基础。心理学研究表明，行为反映认知。学习情景也表明，学生参与主体间性越多，其学习认知就越有效。考虑到这一点，可以根据有效学习的理论来评估以下六个问题。

（1）情绪状态：学生是否对学习有高度的兴趣，对学习有好奇心和渴望，对学习总是充满热情，并积极参与到实践活动中？

（2）注意力状态：学生是否专注于学习内容，积极思考，注意教师的指示，并对学习做出有效的反应？

（3）参与空间：学生是否全身心地投入学习活动中，在练习过程中流汗、大笑，与同伴热情互动，互相观察，有意识地共同练习？

（4）互动：学习者是否能够在学习中相互帮助和合作，是否能够以开放的心态听取他人的观点，是否尊重同伴的建议，是否在交流与合作中表现出主动性，是否准备共同解决问题？

（5）认知状况：学习者是否有效地学习，能否积极反思和改进所学的知识，能否用自己的语言表达所学的知识并纠正自己的错误？

（6）生成状态：学习者是否对体育活动有积极的体验，如满意、享受学习和学习成果？

第二，为什么学生的学习风格是评估体育教学内容的基础。学习方式传递着课程的价值取向，并以教学思想为指导。它是提高教学效果，减轻和增加学习负担，教会学生学习，衡量学生知识尺度具体表现的一种参考依据。它既是一种表达方式，也是一种特定教育理念的运作模式，是对教与学之间关系的理性认识。它对上是理念的界定和具体化，对下是实际应用的效果和实施。

高等教育课程标准指出，传统教学以“教与受”的方式为主，这种单一的学习方式限制了学生创新和发散性思维的发展，难以满足21世纪的人才培养需要。针对这一缺陷，新的学习方法主张在发现知识和学习的基础上采取多元化的学习方式，要求在学习过程中既包括规定性的学习方式，也包括协作性、探索性和独立性的学习方式，以开发学生的学习潜能。

第三，为什么要把学生学习的成功作为评价体育教学内容的依据。在新课程背景下，学习的乐趣不仅指学习的兴趣和兴奋，还指体验成功的乐趣。

正如张振华研究员在《体育教学的学习与培养》一文中所说，成功是一种相对稳定的学习与反应关系。体育教育的实践表明，学生只有在收获了成功的学习之后才会主动学习。这就提醒我们，没有成功的变化就不学习，会导致学习受到抑制或成绩下降。的确，正如苏霍姆林斯基所说：在教与学之间创造和谐是学校教育中最重要的实践和理论问题之一。

心理学研究表明，学习内容的新颖性、教学方法的生动性以及学习系统的趣味性、逻辑性和多样性，可以调动学生的积极性，引起更大的好奇心。这种效果的扩散决定了教育影响的强度。这就是为什么美国研究人员桑代克提出关于有效学习方式的教学内容和学习过程的“影响法则”，即学生的满意度决定了学习效果。如果学生对教师的教学或教学组织方式感到高兴和满意，并且喜欢学习，他们就会有更大的学习动力，提高自己的潜力，在学习上投入更多的精力。相反，如果教学对学生来说经常是一个令人沮丧或不愉快的经历，可能会导致学生失去学习的动力和信心。研究人员和教育工作者认为，在学习中，知识和行动之间存在着情感上的一致性，如果我们只关注体育教学的任务，而不询问学生的情感反应，就不会成功，因此，学生学习的成功应该是我们阶段性评估的基础。

（二）体育课堂教学组织的评价

首先，应通过组织学习活动来加强和提高对学生运动技能的管理和训练。教学实践表明，通过合理组织和调整身体技能和教室布局，可以取得良好的学习效果。因此，对学习过程的合理组织和调整，以及教师的教学和组织能力，是良好课堂教学的关键。这是体育教学中课堂教学的一个重要方面，在备课中尤为重要。一个要求是，组织学习过程的原则应体现出对从小到大的渐进式的理解。在组织教学阶段时，从准备部分到主要部分和最后部分；在组织教学方式时，从个别练习到复杂练习；在组织教学方式时，从个别练习到集体练习，这应符合人的心理机能的变化规律和人的生理机能的变化规律。其次，教师的教学和组织能力应有助于构造学生的认知，巩固学生的知识和理解。教学的组织和条件的设计必须能够吸引学习者的注意力和兴趣，必须能够为学习任务创造坚实的说教条件。

心理学研究表明，学生的身心状况在课程中会经历三个阶段：身心集中度逐渐提高的阶段、身心水平最佳的阶段和身心水平逐渐下降的阶段。根据体育课的内容、时间和组织的顺序和分布，可以科学地将其分为三个有机联系的部分：教学、基础和技术。教育研究表明，课程的每一部分都有明确的目标、内容和对教学方法组织的要求，只有符合这些特点的计划才能取得良好的学习效果。这也是评估居民表现的基础。苏联心理学家加利佩林指出："心理活动是外部物质活动向感知、表象和概念方面转化的结果。这个转化过程要经过几个阶段，每个阶段都有新的反映和再现活动及其系统转化。"

1. 在准备阶段对组织的评估

众所周知，工作一般从准备开始，一个好的开始是成功的一半。对此，鲍里奇指出，开端的问题是要引起学生对所教学科的兴趣和注意，如果学生发现与所教学科没有联系，反而分心了，那么开端就没有效果。

因此，运动是体育课的三个主要组成部分之一。它的目的是把学生引入一个学习的情境，在新旧知识之间架起桥梁。激发学生的兴趣。解释本课的目的，创造学习气氛，确定教学背景。在这种情况下，主要任务有三点：①让学生迅速组织起来；②让学生准备好基本材料所需的体力；③让他们在认知上准备好学习过程中的重要部分。这意味着学生在心理上做好了学习的准备，在生理上做好了热身的准备，在学习材料的内容上做好了学习的准备，在行为上做好了从不学习状态到学习状态的准备。

在此基础上，对预备教学的评价可以基于以下三个方面：①班级的快速、平静和连贯的集合以及学生对学习的专注。②是否根据教材组织了预备活动，是否选择了适当的热身练习。③检查主教材中组织的归纳性或补充性教学是否符合学生按照"学而优则仕"的原则进行组织。

2. 各阶段的组织是为了评估的目的

课堂上的主要阶段的目的是教授新知识和复习旧知识。正如苏霍姆林斯基所说："最高的教学技能包括教授学生通过使用他们已经知道的东西来获得知识"。这表现在三个主要任务上：①使学习者获得知识、技术和技能。②把硬件改进的重点放在硬件的学习属性上。③围绕学习材料的教育要求实施优质的思想教育，即学习周期必须在从简单到复杂的技能的学习层次递进方面，在从简单到复杂的练习的学习方式的组织方面，在从个人到小组练习的学习方式的组织方面，以及在培养情感、态度和价值观的学习材料的教育方面有良好的组织。

在此基础上，对小学低年级的教学评估可以基于四个方面。

一是材料在多大程度上是按照教学的顺序和组织来安排的。换言之，通常先学习新的或困难的材料，或培养速度或灵巧的材料，然后是容易学习的材料和培养力量或速度耐力的材料。

二是考察设备的学习特点是否达到了提高学生身体素质、培养技能和塑造性格的目的。

三是一系列共同和单独的实践活动的学习方式的组织，以便使一项练习不影响学习。

四是我们需要检查设备的设计是否符合“兴奋、快乐和美丽”的物质概念。

3. 项目结束时的评估

课堂最后阶段的目的是使学生逐渐恢复到课前相对平静的状态，并有秩序地完成学习活动。这包括：①通过自发的放松练习、简单的舞蹈动作或游戏，逐渐减少运动活动，恢复到平静状态。②对课程进行总结并分配课外活动。③收起运动器材，宣布课程结束。

（三）教师教学能力的评价

组织研究表明，能力是一个人在做某事时表现出来的一系列个性心理特征。能力强的人业绩和成功率高，而能力弱的人业绩和成功率低。这一发现表明，体育教师是学校体育的具体实施者，他们的技能直接影响和限制了他们的教学效果。因此，对其技能的整体评价可以通过两类来完成：体育教师的解释和示范能力以及体育教师的教学和组织能力。

1. 评估体育教师的教学技能

沟通科学表明，体育教学也是一个传播信息的过程，是教师和学生之间的沟通。心理学研究表明，学生吸收信息的程度与教师表达信息的清晰度之间存在着明显的关联。正如中国教育家顾明远指出的，“我们的师范生只注重理论知识的教学，而忽视了教师专业技能的培养。结果，许多年轻教师发现很难进行教学，而这正是中国教师培训的基础”。因此，体育教师的教学技能成为体育教学成败的关键，决定了体育教师是否有能力上好课。

在此基础上，对体育教师教学技能的评估可以基于三个方面。

第一，检查解释是否清晰、简明、简短，陈述是否符合逻辑，是否能激发学习热情。

第二，身体表达，正确、自然和优雅的动作呈现，以及引起学习的欲望。

第三，我们要看是否能根据材料的需要演示不同的方向，使学习者能够完成视觉和感知任务，明确所学的动作，给他们以清晰准确的表述。

2. 评估体育教师的教学法和组织能力

教育学理论强调，教学法是一套用于实现教育目标和完成学习内容的手段和工具。组织学习是对学习活动顺序结构的表达和明确，它是根据学生的认知特点、心理和生理规律的影响，对不同的教学要素进行组合和分解，以形成一定的学习阶段。因此，体育教师的教学和组织能力直接关系到教学的效果。

在此基础上，评估体育教师的教学能力可以从以下三个方面入手：结合学生的认知、心理和生理特点，考察教学方法的选择和应用是否恰当；结合教学规则和教材的顺序，考察教学方法的选择和应用是否恰当；结合教学背景和环境，考察教学方法的选择和应用是否恰当。

体育教师的组织能力可以从以下四个方面进行评估。

第一，考察材料的内容是否按照发现、理解、巩固和深化的原则来组织，反映出从简单到复杂并将其分解为一个逻辑整体的过程。

第二，研究教学组织中练习之间的对应关系是否与从单个练习到综合练习以及从单个练习到集体练习的过渡相一致。

第三，检查学习工具和设备是否适应所讲内容的需要，选择合适的工具和设备，使之有效、方便、实用。

第四，了解教学组织是否正确适应班级结构的问题，是否符合有关运动技能学习的规则。

（四）体育课堂教学负荷的评价

体育与其他学科的区别告诉我们，体育不是你想的，而是你做的，技能是通过实践逐渐获得的。换言之，体育是以身体素质为基础的，身体要受到一些生理和心理的限制。掌握技能和改善学生的身体状况涉及对身体能量代谢的心理和生理压力。因此，运动负荷是课堂学习概念的主要高潮，也是体育教育区别于其他学科的最重要标志。因此，适度的训练负荷原则已成为体育教学设计原则的重要组成部分，也是课堂体育教学评估的一个非常重要的依据。这一原则一般可分为两部分：心理负荷和身体负荷。因此，为了提高体育教学质量，进一步推进教育改革，对这一问题进行专门研究和讨论是非常重要的。

1. 对课堂体育教学中的心理负荷的评价

课堂体育教学中的心理负荷是指学生在课堂上上体育课时所承受的心理压力。换言之，学生在体育课上会受到一定强度的神经刺激，从而引起紧张和兴奋。为了便于使用，该指标一般从注意力、情绪和自愿努力方面进行评价。因此，只有了解和评估体育课上心理负荷的水平和特点，才能改善体育活动，达到预期的教学效果。考虑到这一点，下文将进行分析。

首先，将体育活动的特点与思维紧密结合，利用学生的不同感官和已有经验，让学生对运动的正确表述和概念有了生动的认识。

其次，根据记忆的认知特点，使用各种视觉学习辅助工具，如活动的视觉化、教程、插图和视频，以加强学习的影响。实验表明，与无趣的材料相比，人们记住有趣的材料所需的时间更长，忘记的速度更慢。个人视觉记忆为70%，个人听觉记忆为60%，综合视听记忆为80.3%。这些结果表明，通过多感官识字任务可以获得最佳的记忆表现。

最后，体育学习分三个阶段进行：认知思维自下而上的阶段，认知思维集中和持续的阶段，认知思维自上而下的阶段，只有遵循这一规律，学习才会有效。

上述心理特点表明，体育教育可分为三个阶段：

一是优化学习材料，深化学习内容的情感美。

二是注重在学习过程中创造快乐，使枯燥的学习变得有活力。

三是增加对知识的多维认识、情感、意向和行动，使学生享受到学习的理解、认识和体验的快乐。苏霍姆林斯基说："用环境创造的学习情境丰富教育是教育过程中最微妙的一个方面。"

在此基础上，对体育活动的心理负担的评估可以基于三个方面：

首先是教育组织是否能够唤醒学习者的不同情感潜能（如唤醒学习兴趣、集中精力学习等）。换句话说，每项练习都能提供新的东西，学习者能以这样或那样的方式从中受益。从学习材料的教学设计到教学方法的组织和控制，重点是将学习科目的背景和教学技能结合起来，以便在课堂上学习。例如，营造多方位、多层次的学习环境，唤醒学生对体育的兴趣，促进学习技能的提高，用各种刺激性的、新颖的练习使学生摆脱学习过程的枯燥，促进体育认知和情感的发展等，都能奠定基础。对此，苏霍姆林斯基曾说：

"如果教师不想办法让学生对学习产生兴趣，然后急于传递信息，只能让学生变得冷漠。"

其次是我们需要检查学习任务的心理强度是否与学习者的生理特征相匹配，这有助于将注意力集中在学习上，打开认知的入口。例如，小学生处于具体活动阶段（7~11 岁），在这个阶段，如果没有具体事实的支持，他们还不能根据"图像"行事；因此，指导他们学习的语言必须生动、形象，必须使用更多的视觉方法来刺激他们学习欲望和学习能力的发展。中等教育的学生处于正式阶段（11~15 岁），在这个阶段，他们在假设和推理方面发展了抽象思维，也就是说，他们可以使用假设推理来回答问题，而不参考具体内容。

最后是考察学习材料的组织，看是否利用了内容的情感美，注重学习过程的组织体验，让学生感受到体育活动体验的快乐，体验到成就感，形成有意义的学习建构，帮助学生完成学习任务。正如研究人员田惠生所说："学生的心理氛围决定了教育系统的成败。"

2. 体育教学中生理负荷的评价

根据人体机能的适应规律等，运动负荷和休息是构成体育教学方法的两个主要方面。承担一定的运动负荷是掌握运动技术和技能、发展身体和改善身体状况的一个重要因素。因此可以得出结论，在课堂上对学生技能的训练是对所承担的生理负荷进行整体的、多维的、多层次的、多因素的评估。因此，合理组织学生的运动量和运动强度，使学生的身体在提高身体机能和充分掌握技能的同时产生一定的疲劳感，成为衡量课堂体育教学质量的一个必要方面和重要标志。

基于上述概念，课堂体育教学的生理负荷是指学生的身体在课堂体育活动中所承受的生理负荷，根据负荷的性质，分为"量"和"强度"。简而言之，外部体育活动的量一般用"密度"来衡量，体育活动的强度用"心率"来衡量。有必要了解训练方法和工具及其代谢特性，选择适当的监测方法和工具，并结合训练目标、训练器材的特点和当前学生的情况考虑量和强度之间的关系。在工作量和恢复关系的基础上，根据学习的具体阶段，制定合理的课堂负荷密度和心率指数标准，并进行科学的验证，为课堂教学的评价提供依据。理解这个道理，就是教师常说的"出汗""开会""笑"。

在此基础上，对体育课生理负荷的测量和评价可以从三个方面入手。

第一，估计班级心率指数。公式如下：课上平均心率+课前平静心率＝运动指数。1.4~1.8 是训练有效的心率区，不建议使用更低或更高的数值。

第二，分析被评价的课的练习频率指数。一节体育课的频率是指教师讲解说明、纠正错误、组织练习、动员小组等教师行为所花费的时间与学生在各种学习行为活动中所花费的时间之间的比率。其目的是衡量上课的频率，以避免教师上课时间过长，影响学生的练习时间，最大限度地增加活动和学生练习的时间。这通常被称为“1/3 教师时间和 2/3 学生时间”。任何违反这一规则的行为都被认为是不合理的。

第三，需要分析肌肉骨骼系统的心率曲线。体育课上的心率曲线模式是指在课上身体受到努力的刺激后，学生的心理功能的心率曲线模式。根据课的性质，这种曲线可分为三种类型：马鞍形、锯齿形和峰形。由于器材和材料的性质，体操和武术课的心率曲线一般为锯齿形。每小时的心率很难提高，一般在 1.4 左右。建议在后半小时补充练习，增加努力程度，这样更有效。在篮球和足球课上，心率曲线一般为马鞍形或上坡，建议心率指数在 1.6 左右。如果是新课，建议在课的后半部分完成旨在增加努力程度的练习，这样会更有效。在田径和健身课中，心率曲线一般呈前大后小的逆行形状。在课程的前半部分，建议介绍硬化大肌肉群的练习和快节奏的练习，在课程的后半部分，介绍力量、耐力、硬化小肌肉群的练习和轻型专利练习。

上述体育教学告诉我们，课堂上的体育教学是遵循身体技能形成和人体生理功能变化规律的体验，是理解“体育学习的成功是通过练习技能逐步实现的”的体验，是理解知识的体验，是体验学习的成功和失败的体验，是体验获得技能的快乐的体验。也是“感知、理解、巩固、运用教材”的体验，遵循人的心理机能和人的认识转化规律，发展思维，滋养智力，提高意志，塑造品质。教学实践表明，只有把科学理论和方法与教学经验有机地结合起来，包含这两个方面，才有可能定位和完成教学任务。正如夸美纽斯所说：“教师不仅要熟知语言和科学，而且要能使学生尽可能容易和持久地理解它们。”

三、体育课堂教学评价的类型与应用

按教学评价的不同目的、作用及类型来分，教学评价一般有诊断性评价、形成性评价和终结性评价三种类型。

（一）诊断性评价

诊断性评估，也被称为准备性评估，是在教学开始前进行的一种评估。它对教育环境和学生的情况进行评估，并用于制订相应的教学计划。它包括以下几个方面：要完成的任务和相应的教学要求；学生的原有知识和教学的可接受性；学生的个人特点，他们的学习风格，他们的能力和对学科的态度，他们的身体状况，他们的家庭状况，等等。值得注意的是，教师进行诊断是为了促进学生的学习，而不是为了羞辱他们。诊断评估的目的是制定课程，消除障碍，确定学生最好和最差的学习能力，并将他们置于最有效的学习顺序中。从认知、技能、情感和应用四个方面来考察这两个方面的结果，以确定学习目标是否过高或过低，内容选择是否正确，教学方法是否符合学生的水平和兴趣，以及教学组织是否符合学生的认知能力。

（二）形成性评价

形成性评价，也被称为过程性评价，是指在学习或教学活动之后对学生的行为进行评价，以发展学生的个性，增强他们的主体意识。形成性评价的主要目的不是选择最好的学生，而是发现每个学生的潜力，澄清和改善他们的学习行为，提供反馈，为进一步学习和发展做准备，并确保每个学生都能达到学习计划和课程的要求。来自心理学研究和实际教学经验的证据表明，教师可以通过经常向学生提供关于其发展的反馈来促进他们更好地发展。在设计和实施形成性评估时，必须记住，有效的反馈需要有具体的方法和措施配合。

（三）终结性评价

总结性评价，也被称为绩效评价，是对某一阶段的学习或一个完整的教育活动结束时获得的结果的评价。总结性评价开展的频率相对较低，通常在学年的中期或末期进行。总结性评估应该建立在全面性、支持学科多样性和评估标准差异化的基础上，而且不应该局限于学术评估。不仅要关注学生的学习成果和学习风格等显性因素，还要关注学生的兴趣、教学方法、认知风格和情感体验等隐性因素。应该给学生制定发展目标，指导他们进步。应该尊重学生的多样性，制定灵活的评估标准，允许学生以不同的方向和速度发展，改变传统评估只注重结果而不注重过程的缺点。

一般来说，教学目标评价和教学诊断评价是用来确定学习者水平和教学效果的一种方法。作为一个补救系统，教学评价首先用于确定教学的最终目标，为学生的发展找到理想的路径。其次，它被用来诊断教学过程的每个阶段是否有效，如果不有效，需要做出什么改变才能使这个过程有效。教学评估可以说既是教学过程的结束，也是教学过程的开始。它不仅具有预测和监控的功能，而且也是改进教师教学的合理依据。实践证明，教学评价是完善教学体系的重要和必要环节，是促进教学质量不断提高的重要手段。可以说，教师教育的质量关键取决于教学评价所提供的反馈。对它的掌握将有助于教师实现体育教育和学校课程的目标，并帮助他们正确评价教学的有效性。梅里尔认为，教学设计理论应包括三个部分：

第一，关于需要掌握的知识和技能的描述性理论。

第二，关于有助于学习的学习策略的描述性理论。

第三，将学习结果与策略联系起来的描述性理论。

第七章　大学体育教学创新体系与创新路径

体育教育的创新是建立在强调个人的作用、潜力、兴趣和发展以及促进人的主体性的基础上的，以便尽可能地激发学生的主动性、积极性和创造性。其目的是最大限度地提高学生的积极性、主动性和创造性，使教育摆脱了“一刀切”的方式，即单一的教学方法、固定的教学风格和僵化的管理，允许学生在学习和教育活动中拥有高度的自主性、主动性和创造性。本章探讨了大学体育教育的创新体系和创新途径。

第一节　大学体育教学创新原则与创新路径

一、高校体育教学创新应遵循的原则

（一）主体性与超越性原则

在体育课上，活动是以学生为中心的，教师的教学只是一种辅助形式，与学生的各种活动相结合。同样重要的是，要从传统的单向“适应理论”转向“超越理论”。教师的任务是创造而不是复制过去，并且在人文方面超越前辈的新一代。换句话说，教师鼓励他们主动参与体育课，使他们从单纯的被动接受指令变成体育课教学的积极受益者和主角。

（二）民主性与独创性原则

教师和学生在知识、价值观和判断力方面有着同等的影响，因此在教学中有着平等的关系，而这种关系又应该建立在民主和宽松的教学氛围上（如师生关系、教学环境、学生发展的自由程度等）。这是因为人作为行动者不仅有共同的特点，还有独特性和多样性。教师与学生、学生与学生之间民主平等的关系，民主和谐的教学氛围，使教师和学生能够相互接受、适应、理解和尊重。

（三）全面性与发展性原则

创新教育是一种全面的教育，包括人格、智力、知识和技能的发展等多个方面，注重促进个人的自由和全面发展。与基于文凭的教育相比，创新教育是注重培养学生健康人格的教育。一方面，体育教育不仅要把德、智、体、美、劳教育与学习者的身心发展无缝对接，而且要培养他们高尚坚定的人生观、执着的理想信念、纯洁优秀的道德品质、优秀的审美理想、广博深厚的文明素养和娴熟灵巧的生活技能；另一方面，要重视培养学生参与未来创造活动所必需的独特的智力素质，如要求探索而不随波逐流的独立人格，树立新标准、打破陈规的批判精神，灵活的、非标准的、适应性强的态度，博采众长、吸纳百川而又独具特色的宽广胸怀。

（四）启发性与互动性原则

在体育教育中鼓励和发展学生的创造性思维是“创新”的基石之一。体育教育对学生进行教育和积极影响，使他们最终学会并有能力发现和理解有意义的新知识、新事物和新方法，掌握基本规律，拥有相关技能。然而，创造性活动不是单向的，它是教师和学生之间的互动，是启发、激励和帮助对方的唯一途径，是激发思维和塑造创造性想象力的唯一途径。互动在体育课上表现得尤为明显，只有教师和学生之间的积极合作才能达到体育教学的最佳效果，使学生能够塑造自己的知识、技能和人格结构，展现自己的独特性和创造性，并培养学生积极参与互动过程的能力和态度。

二、高校体育教学创新的路径

（一）转变教育观念，更新教育思想是体育教学创新的前提

我们需要从注重知识传输和传递的传统教学，转向旨在培养学生创造性思维的以学习者为中心的现代教学。教师必须明白“授人以鱼不如授人以渔”的道理，努力发展新的学习过程，使主动参与、主动探究、主动思考和主动创造成为必不可少的学习方法。我们需要强调成就导向和对学习的积极鼓励，鼓励成功，允许“成绩不佳”，不求全责备，自由发挥学生的个性。教师指导整个学习过程，自由发挥学生的主观能动性，鼓励他们采取主动，创造性地学习。在创新教学中，教师必须注意加强学生的主动性和创造

性，开发他们的智力，使学生对学习有更大的热情，并能处于最佳的主动学习模式，帮助学生发展他们的创造力。

（二）建立民主师生关系，创设学生创造性思维的氛围是体育教学创新的基础

斯坦福大学校长卡斯帕教授援引硅谷和斯坦福大学的成功经验说，宽松和独立的学习环境是学生培养创新能力的重要先决条件。来自德国的Heinert教授认为，“一个希望激发学生创新精神的教师，必须在课堂上提倡一种合作和社会融合的风格，这也鼓励集体创新”。实践证明，在教师和学生之间的专制关系中，学习气氛单调，学生情绪低落，学习非常被动。而在民主的关系中，学生对教师产生信任感和依恋感，从而对课堂学习过程产生积极的依恋。在活泼的教学氛围中，学生精力充沛，心情愉悦，学习积极主动，从而鼓励他们的创造性思维。因此，在体育课上，教师必须尊重学生的人格和权利，建立民主、平等的师生关系，营造健康、优美、愉快的氛围和环境。为了让学生在和谐、协调、轻松的环境中学习和练习，应不失时机地对学生学习后的审美意向和创造能力进行形式化和激励性的评价，鼓励和表扬他们，使他们获得心理上的满足，激发他们学习的积极性。总之，体育教育应该走“民主化”的道路，师生之间要密切合作，公开、诚实、平等、共同。

（三）创建以学生为主体的新型教学模式和教学方法是体育教学创新的主要内容

首先，教学要把体育教学和创造性活动有机地结合起来，有效地实现以下目标：①要摒弃教师教、学生练的传统模式，引导学生主动参与学习活动，我们呼吁统一标准、灵活多样的体育和运动方法，我们允许学生的潜力、原创性和独特性得到充分的发挥。②教师和学生以探索的态度对待体育方法的研究和实践，根据学生的特殊身体状况选择体育项目、方法和评估标准。鼓励学生提出新想法，创造新做法，设计新游戏。③在竞技活动中，鼓励学生制定自己的锻炼方案和竞争策略。④体育游戏的目的不仅是发展学生的身体能力，还培养他们的智力、情感和创造能力。

其次，在教学方法上，教师应选择符合学生身体状况特点的锻炼方案、方法和评价标准，鼓励学生形成新的想法，创造新的实践，形成新的游戏。例如，在竞技活动中，鼓励学生制定自己的锻炼方案和竞争策略。体育游戏

不仅关系到学生的身体发展，也关系到他们的智力、情感和创造能力的发展。应始终鼓励学生自己思考，提出问题，即使是“奇怪”的问题。应该鼓励学生表达自己，并对教师的一些想法提出质疑。

（四）提高体育教师的综合素质是体育教学创新的关键

创新教育要求教师超越传统的教学和解决问题的任务和角色，在学生的创新教育过程中发挥主导和示范作用，即通过自己的创新意识、反思和技能，影响和引导学习者创新能力的形成和发展。从某种意义上说，可以说只有创新的教师才能实施创新教育，培养创新的学习者。因此，教师本身必须具有敏锐的创新意识和强大的创新能力。只有这样，他们才能在自己的创新实践中发现创新潜能的形成和发展规律，为创新教育提供最直接、最深刻的经验。在教学中，他们有意识地将知识传授与创新思维相结合，能够释放学生的创新潜能，捕捉学生创新思维的火花，多层次、多方位地培养学生的创新精神和创新潜能。因此，教师在体育教学中的创新需要具备以下能力。

第一，需要有深入的文化经验和扎实的教学基本功。创新教学需要广泛的体育课程，学生可以选择自己的学习方案，这显然对教师是一种无形的压力。要做到这一点，教师不仅要有深厚的文化知识、艺术修养和综合运用信息的能力，还要有强大的专业教学基本功。他们必须能够将其他学科的知识和生活技能和谐地融入到体育教学中，并发挥教育和理解作用。通过积极引导他们的教学技能，让学生学会独立学习和全面应用知识。

第二，驾驭教学情境发展和调控教学过程的能力。在创设情境教学中，教师首先要了解课题和学生产生的临界点感受，根据学生的年龄特点，发现学生相关感受的重要情境，从而在较短的时间内促进学生的感受；其次，要有较强的教学组织和调控能力，即在课堂教学中，发挥组织、引导、控制和应对、改变的作用。这就要求教师既要做一个仔细的观察者和评价者，又要解决与组织学习有关的问题。由于运动机会的广泛性和学生的高度热情，对教学方向的准确预测和评估是掌握情境化主题学习的关键，教师需要强大的言语能力。教师的言语技巧既能激发学生的情绪，又能通过公平、公正和激励性的评价促进学生积极的体育活动。

第三，要有积极的创新意识和创新能力。体育教育的创新要求教师超越传统的教学模式，不断运用创造性思维进行探索，善于采用其他学科的新思想、新方法，用自己的理解、自己的实践、自己的认识和自己的做法，创造出具有自己特色的现代体育教育方法。这就要求教师能够运用创造性思维去探索新的理念和方法。因此，教师要有积极的创新意识和创新能力：一是接受能力。这意味着要善于接受新事物，发现新问题。二是灵活性。这是一种很强的适应能力和灵活性，能够灵活地改变方向。三是独创性。这是指产生新的和特殊的想法的能力。四是理解力。这是指通过事物的表面现象了解其内在含义和基本属性的能力。

第二节　体育教学中学生创新意识与能力的培养

一、高校体育教学的目标及学生创新意识的培养

（一）全面实施素质教育，为学生创造意识的培养奠定坚实的基础

素质教育与传统教育的主要区别在于其全面性、普遍性和自主性：全面性是指学生必须均衡发展；普遍性是指教育必须面向全体学生；自主性是指学生必须在学习中主动学习。结合大学体育教学的特点，把有限的时间分配给各种体育活动，让学生根据自己的兴趣、爱好和社会需要进行选择，以充分发挥学生的学习主动性，为创新学习做好准备，是学校教育的一项重要任务。

（二）改革教材内容，重构教材体系

体育教材内容的选择直接影响到学生的体育活动意识。因此，高校体育教材的编写应以学生的体育活动需求为基础，从健身、娱乐、休闲等方面系统考虑，应多选择一些难度小、容易开展、有趣的科目，将健身、娱乐、休闲结合起来。

（三）营造创新环境，培养学生的创新意识

高校的体育教育应提供一个环境，使学生能够发展创新能力。例如，田径、武术和体操长期以来都是以固定的形式进行练习，所以这些运动的教学主要目的是模仿和传授，而游戏和比赛则可以为学生提供许多创新的机会。此外，意识是行动的先导，在体育教学中培养学生的创新意识是创新学习的一个重要组成部分。

（四）强化课外体育，扩大锻炼领域

参加课外体育活动不仅是对体育课的补充和延伸，而且使学生有机会学习和巩固上课时学到的体育知识、方法和技能。由于课外体育教育首先是学生自己的任务，它不仅可以发展学生的一般技能，而且可以发展他们的组织、管理和创造能力，可以在提高学生的整体学习质量和发展广泛的体育技能方面发挥重要作用。

（五）开展丰富的校园文化活动，积极营造良好的校园文化氛围

校园文化在塑造大学生的气质、意志和人格方面起着重要作用。校园文化是大学生成长和发展的直接环境。要大力开展丰富多彩的校园文化活动，积极支持和引导学生，共同营造充满活力、健康向上的校园文化，以文化氛围教育学生。同时，要重视校园环境建设，创造优美的自然和人文景观，营造良好的学习和文化氛围，促进创新教育。

（六）调整考试和评价方式，促使学生创新意识的提高

对学生学习成果的评估一直是影响学生学习方向的重要因素，而过度强调考试成绩和固定的考试形式一直是传统“考试型教育”的主要缺陷。解决这一问题的主要办法之一是改革传统的评估和评分方法，使其能够灵活地适应学生的实际情况，而不是强加僵硬的考试任务。

二、体育教学中的创新意识的培养方法

（一）思想的创新

发展娱乐性体育和健身性体育是转变学校体育教育观念的体现，也是当前学校体育的重要特征。

（二）教学方法和组织形式的创新

启发式教学在学习过程中以学习为中心，引导学生独立解决问题，鼓励他们积极参与学习活动。在教授运动技能时，学生为了创造更多的智能和技术动作而发展他们的发明能力。可采用发明法教学，激发学生对解决问题和创造性活动的兴趣，以教师为主导的教学方法，将学生的身体与教师的控制结合起来，使学生把自学与教师的指导结合起来，提高学生自觉进行体育活动的热情，形成终身独立锻炼和体育活动的模式。应该改变旧的组织形

式，让学生成为体育教学的主人。教师所能做的就是解释活动的目的和要求，组织一些小比赛，由学生自己制定规则，互相评判等，让学生热情地参加比赛，掌握裁判的技巧，培养学生的组织能力和创造力。

（三）重视创新方法的传授和体育理论课的作用

虽然偏差思维和创造性人格是学生创新意识中最重要的两个方面，但也不能忽视体育中其他方面创新意识的作用。对体育知识和因素的全面了解是提高学生体育创新能力的基础。理论课可以发挥其独特的优势，利用照片、幻灯片、录像、电脑程序等高科技教学手段，以形象、生动的方式讲解体育的基本知识、具体理论和体育的乐趣；还可以利用多媒体录像和电脑程序介绍一些社会上比较流行但学校没有的运动项目，如网球、保龄球、高尔夫球等。还可以根据社会的需要和男女学生在体育文化方面的需求差异，以灵活的方式进行教学，向男学生讲解 NBA、国家足球联赛和欧洲联赛，对女生则讲授健身、美容、饮食、身体护理等知识。这充分利用了学生的主观能动性，帮助他们发展个人素质，迅速提高他们的创造力。[1]

第三节　构建体育教学创新体系

一、教学思想创新

“知识创新”“健康第一”的前瞻性教育思想主要体现在两个方面：一是掌握过去和现在的体育教育知识和技能，以便更好地探索未知；二是掌握未来的终身体育健康知识和技能。长期以来，高校体育教育的主要缺陷是针对过去的教学和考试，其范围过于狭窄。如果对过去的掌握只关注过去和眼前的问题，而不是关注学生未来对终身体育的需求，那么所学的知识和技能就会失去作用。因此，所掌握的知识和技能失去了真正的意义，这显然非常不利于学生在未来的体育活动中接受新的挑战。实践证明，大学生已经具备了一定的创新能力，如果他们的大部分精力只花在记忆过去的知识上，就会影响创新的积极性，这不仅是对精力的浪费，也会导致中国大学体育教育在未

[1] 陈轩昂．新时期高校体育教学的改革与发展［M］．北京：航空工业出版社，2019.

来很长一段时间内无法融入高等教育的发达世界。传统的功利性教学，重古轻今，是民族创新素质发展的绊脚石，是高校体育教学改革的掣肘。在有用的教学下，学生吸收的是他们不需要或已经忘记的旧知识，只是其中有些知识是有用的。这样的教学不鼓励学生学习旧知识和创新，严重违背了全国教育工作会议提出的高等教育改革精神，即强调培养学生的创新能力。当然，学生对体育知识和技能的掌握，会促使他们去探索新的思路。然而，目前大学体育教学的主要问题是注重旧有的学习而不是创新，体育教学中比较创新的内容没有被纳入课程，学生也没有得到创新教学方法的指导。尤其是教师在教学中的“求知创新”意识非常薄弱。其实，“求知创新”的思想在中国由来已久。古代孔子的“鉴往知来”，现代教育家陶行知的“发古人之所未发，明今人之所未明”都是鉴古求新的教育思想，可惜我们没有采纳。因此，为了培养学生的体育创新能力，贯彻素质教育和持续体育教育的思想，在体育教学中引入“知识创新”“健康第一”的思想，提高学生现在和未来的健康水平，整合体育与健康的知识和技能有必要整合体育与健康的过去、现在和未来的技能，着眼于未来。这将使高等教育中的前瞻性改革理念与学校体育中的“健康第一”理念相结合。特别是大学体育中从体育教育到健身的转变，体现了健康教育与体育（运动）的有机结合，以及体育教育与健康促进之间的联系。

二、教学内容体系创新

（一）重视体育与健康教育相结合

现代体育教育已经从传统的技能传授转向以身体素质为基础的新方法。体育教育有生物学基础，在一个艰苦、密集工作的时代是非常可取的。然而，在未来知识经济时代，工作强度会降低，体育活动在改善整体健康方面的作用不大。根据世界卫生组织的定义，健康是一个人的生物、心理和社会方面的完整状态。因此，体育活动和健康教育的结合能系统地促进生物、心理和社会方面的发展。根据全国教育大会提出的“学校教育健康第一”的原则，大学生的健康对未来社会的发展至关重要。这就要求我们把体育教育与健康教育结合起来，建立一个新的体育教育体系。在这个新体系中，体育教育将是一项旨在提高身体素质和健康水平的运动。体育的未来是一个未知的领域，人们正在不断地积极探索如何将自己的体育发展与未来社会的需求联系起来，以适应未来社会和教育发展的变化，无论是在体育的理论教学还是实践教学方面。在健康教育中，人类健康的生理、心理和社会三个方面构成了一个不可分割的整体。传统的健康教育和过去的体育教育一样，侧重于研究一个人的生理健康或改善他们的身体状况，而现在两者都朝着研究改善一个人的身体和心理健康的方向发展。从生物学和心理学的角度来看，两者都与“社会适应性”有关，后者被视为人们通过正常的自助、合作、协作和对生存与发展的理解而集体生存和繁荣的能力。这种与社会和谐相处的适应和发展能力是社会健康的一个重要组成部分。从广义上讲，“社会健康”是指实施科学、技术和人文措施，应对世界上日益增长的“共同风险”（自然和社会），促进人类社会的生存和健康发展；从狭义上讲，社会健康是指个人或群体通过关心和理解、慷慨、互助和无私、团结和合作来适应社会的能力。

（二）增加有助于培养学生体育能力的教学内容

过去，大学体育注重运动技能和体育基础教育的教学，而忽视了体育方法的教学，这对追求体育教育和促进健康是极为不利的。今后，旨在培养学生体育技能的新的大学体育应注重体育教育方法（体育活动与健康相结合的方法）的教学，而不忽视体育方法（体育教育的手段）的教学。对学生进行体育方法的教学包括教学法、训练法和健康维护法。健康维护方法是指符合体育活动、营养、睡眠、卫生和心理调节需要的维护健康的方法。为了加强体育方法的教学，体育教师不仅要传授运动技术，还要传授终身体育知识和技能，如教学法、训练法和健康维护法，以及体育方法的健身原理。

（三）增加面向未来的教学内容

长期以来，高校的体育教学内容主要集中在解决过去和现实中的体育教学问题。未来高校体育教学内容的改革，应该解决学生在未来体育教育中急需解决的问题。例如，体育理论课程不仅要讲授现实中的体育活动、保护和表现，还要积极探索未来社会需要的相关内容的教学，找到大学体育与社会体育的联系。从这个意义上说，理论教学可以比实践教学更先进一些，以预见未来社会发展对体育的新需求，使体育教育真正面向未来。

参考文献

[1] 常德庆，姜书慧，张磊．高校体育教学与运动训练研究［M］．长春：吉林出版集团股份有限公司，2020.

[2] 陈轩昂．新时期高校体育教学的改革与发展［M］．北京：航空工业出版社，2019.

[3] 刘伟．高校体育教育创新理念与实践教学研究［M］．北京：九州出版社，2019.

[4] 陆盛华．高校民族传统体育专业教学改革［J］．科教导刊，2014（23）：193-194.

[5] 马尚奎，李俊勇．体育教学导论［M］．长春：吉林人民出版社，2016.

[6] 毛振明．体育教学论［M］．北京：高等教育出版社，2011.

[7] 米靖．体育教育训练学概论［M］．北京：北京体育大学出版社，2012.

[8] 宁昌峰．现代体育教育训练的理论发展与创新研究［M］．北京：煤炭工业出版社，2018.

[9] 牛智伟．美国大学体育理念对中国的启示［J］．太原城市职业技术学院学报，2014（10）：128-129.

[10] 潘建芬．体育教师论［M］．北京：北京体育大学出版社，2014.

[11] 任金锁，李昂．高校篮球运动教学与训练研究［M］．长春．吉林大学出版社，2012.

[12] 沈建华，陈融．学校体育学［M］．北京：高等教育出版社，2010.

[13] 受中秋，王双，黄荣宝．高校体育教育发展与改革探究［M］．长春：吉林大学出版社，2018.

[14] 宋海圣．体育教学改革创新与发展研究［M］．北京：中国水利水电出版社，2015.

[15] 苏林威．浅论体育教育理念的转变［C］//北京中外软信息技术研究院．2015 第一届世纪之星创新教育论坛文集．河南省开封市河南大学，2015：1.
[16] 孙吉旺．新形势下大学体育教育改革的对策研究［J］．当代体育科技，2016，6（18）：1-2.
[17] 唐建倦．现代篮球运动教程：理论·方法·实践［M］．广州：华南理工大学出版社，2014.
[18] 王丹．体育教学的理论与实践探索［M］．北京：北京理工大学出版社，2019.
[19] 王雁，王东亮，黄细渭．现代体育教学发展与管理应用研究［M］．北京：中国时代经济出版社，2013.
[20] 王震，李竹梅．发掘现代大学体育的通识教育内涵［J］．复旦教育论坛，2011，9（6）：41-44.
[21] 文超．田径运动高级教程［M］．北京：人民体育出版社，2013.
[22] 吴江．体育教学与文化融合［M］．北京：冶金工业出版社，2015.
[23] 吴昱宏．美国大学体育教育理念启示［J］．福建体育科技，2014，33（2）：46-48，51.
[24] 夏越．现代高校体育教学研究著［M］．北京：北京理工大学出版社，2019.
[25] 谢宾，王新光，时春梅．高校体育教学与运动训练研究［M］．长春：吉林人民出版社，2021.
[26] 徐伟．大学体育人文教育理论与实践研究［D］．北京：北京体育大学，2013.
[27] 闫二涛．中国高等体育教育改革之路［M］．北京：知识产权出版社，2019.
[28] 严杰星．新时代大学体育教育革新与反思［M］．昆明：云南美术出版社，2018.
[29] 杨文轩，张细谦，邓星华．学校体育学［M］．北京：高等教育出版社，2016.
[30] 杨艳生．体育教学改革与创新实践研究［M］．长春：吉林人民出版社有限责任公司，2021.

[31] 尹干闽．新课程标准下大学体育教育改革方向思考［J］．吉林工程．技术师范学院学报，2008（3）：43-45.
[32] 于雷．对我国大学体育教育改革中若干问题的思考［J］．教育与职业，2010（14）：127-129.
[33] 张汉辉．体育教学目标问题的分析与探究［J］．教育，2015（4）：35.
[34] 张宏．美国大学体育教育分析［J］．体育文化导刊，2010（8）：102-105.
[35] 张瑞林．学校体育管理学［M］．北京：高等教育出版社，2014.
[36] 张勇平．论体育教育理念的转变与更新［J］．湖北师范学院学报（自然科学版），2016，36（4）：28-29.
[37] 赵光学．体育教学理论与发展探究［M］．长春：吉林大学出版社，2013.
[38] 赵金岭，张淑香，陈俊钦．大学体育教育功能的现象学阐释［J］．体育研究与教育，2014，29（1）：1-4.
[39] 郑尚武．现代大学体育教育改革方略初探［J］．肇庆学院学报，2008（5）：75-78.